Aller à l'Essence-Ciel

Réalisation, couverture et mise en page : Valérie Dumas.

Illustrations de Denis Tcheskiss.

Editions Entre Deux Mondes
4 rue Milliaux - 89000 Auxerre
Tél. 06 03 49 62 09

contact@entre-deux-mondes.fr
www.entre-deux-mondes.fr

ISBN : 978-2-919537-44-0

Marie-Thé Sangsue-Fleury

Aller à l'Essence-Ciel

Pour s'ouvrir à qui nous sommes vraiment !

EDM

« Nous réalisons que ce que nous accomplissons
n'est qu'une goutte dans l'océan.
Mais si cette goutte n'existait pas
dans l'océan, elle manquerait. »
Mère Teresa

« La planète n'a pas besoin de gens qui réussissent.
La planète a désespérément besoin de plus de faiseurs de paix,
de guérisseurs, de conteurs d'histoires et de passionnés de toutes sortes. »
Dalaï-Lama

AVANT-PROPOS

J'ai mis longtemps avant d'écouter ma petite voix intérieure qui me disait : « Écris, transmets et enseigne, fais-le ! »

C'est au plus près de ma conscience que j'ai retranscrit mes croyances profondes et mes ressentis. Il s'agit du résultat de mon travail d'expérimentation dans cette vie mais aussi celui des incarnations précédentes.

Il m'aura fallu du courage pour m'atteler à cette tâche, pas par manque d'idées mais parce qu'il me semblait que mes connaissances étaient « basiques ». Après réflexion, je me rends compte du contenu dense emmagasiné au détour des expériences de vie, des formations, des lectures.

Un immense MERCI à mes guides spirituels pour leur accompagnement sans faille et bien sûr, pour leur guidance. Merci à mes guides sur Terre (qui se reconnaîtront) pour leur soutien et leurs encouragements.

Puissiez-vous trouver dans cette lecture un condensé et une base de connaissances qui vous apporteront, je l'espère du fond du cœur, des débuts de réponse à vos questions, un sentiment de confirmation dans vos croyances et surtout l'envie d'explorer davantage cette réalité passionnante.

J'y mets le souhait que chacune et chacun puissent entamer ou poursuivre sa démarche spirituelle de manière plus approfondie pour continuer le surprenant chemin de la vie et se rapprocher au plus près de son âme.

Avec joie et respect !

Marie-Thé S.-F.

PRÉAMBULE

Lorsque je parle de « Dieu », il s'agit bien de cette force supérieure qui nous habite et pas du Dieu (ou des Dieux) des hommes et de ce que l'histoire en a fait. Il est important de faire la distinction entre les deux. La religion fait partie intégrante de qui nous sommes. Les valeurs transmises par le biais de l'éducation et de la culture nous influencent. Aujourd'hui, je prends ce qui me parle et me semble juste. Pour le reste, je m'autorise à faire abstraction de ce qui ne résonne pas au plus profond de mon être.

LA SOURCE

D'où venons-nous ? Nous venons de la Source appelée également : Grand Soleil central, Dieu, Matrice, Univers ou le Tout. Ces termes sont utilisés pour parler de l'univers dans sa globalité.

La Source est un « royaume » de lumière, d'énergie pure, très subtile et remplie d'un amour infini. L'énergie y vibre à très hautes fréquences. Une quantité incommensurable de petites lumières, telles des bougies, appelées « étincelles de vie » forment la Source. Chaque petite lumière est à la fois identique et unique. Elles sont toutes indispensables car c'est toutes ensemble qu'elles la constituent. Si une bougie venait à manquer, la Source ne serait plus tout à fait la même. Elle existe avec et grâce à toutes les lumières qui y brillent, sans exception. À l'intérieur de celle-ci, l'unité règne et il n'y a pas de genre, pas de lumière « masculine » ou « féminine ». Tout (toutes les formes de vie) est constitué de Lumière divine.

Nous pourrions présenter cette Source comme une grande soupe divine. Cette soupe est constituée d'une multitude d'ingrédients. Après cuisson et mixage, il devient impossible d'extraire un élément de base et chaque goutte de ce précieux liquide est absolument identique.

Nous appartenons à ce Tout et nous sommes tous reliés. La Source est UN et nous sommes UN avec la Source. Pour imager quelque peu, il y a la Lumière globale que la Source dégage et si nous observons de plus près, nous constatons que cette Lumière est composée d'une multitude de petites flammes qui rayonnent dans une même liesse.

• 1 • Voir légende dans cahier central couleur

• 2 • Voir légende dans cahier central couleur

La Source nous permet d'être et d'exister. Elle nous relie les uns aux autres, toujours. C'est comme si nous nous trouvions tous sur une immense toile d'araignée. À la moindre oscillation, toute la toile réagit et se met en mouvement. Nul ne peut ignorer qu'il se passe quelque chose à l'extrémité de la toile. L'information se diffuse partout, tout le temps. Le moindre changement est perceptible et vibre en chacun de nous. Et c'est pour cela que nous sommes intimement liés et reliés à tous niveaux. L'ADN, cette incroyable conscience universelle, enregistre nos différents parcours sur cette Terre et aussi ceux effectués à travers l'univers. Tout y est inscrit et répertorié, comme dans une banque de données infinie contenant toutes les informations de l'univers et bien sûr, celles liées à notre propre existence. L'ADN permet d'organiser l'univers. Il y a ce que nous pouvons voir mais également ce que nous ne voyons pas avec nos yeux d'humains. Tout cela résonne dans le cœur de chacun, de manière consciente et/ou inconsciente, ceci depuis la nuit des temps. De ce fait, rien n'est séparé.

Nous pourrions aussi comparer cette toile d'araignée à un extraordinaire ordinateur enregistrant tout inlassablement. Des programmes et des fichiers de toutes sortes le composent. La mise à jour se fait en instantané et la mémoire est infinie. Pour qu'un ordinateur soit digne de ce nom, toutes les parties qui le constituent doivent être connectées afin que les programmes fonctionnent pour ouvrir les fichiers, faire les mises à jour, les sauvegardes, la maintenance, les analyses, les extensions. Les informations stockées dans la mémoire centrale sont ce qui donne « vie », consistance et intérêt à cet ordinateur.

Chaque chose, même la plus infime, a une influence sur la totalité de l'univers car rien n'est séparé, tout est lié.

L'ÉTINCELLE DE VIE ET L'ÂME

L'étincelle de vie est notre partie divine. Elle est l'essence même et est éternelle.

La Source est constituée d'une multitude d'étincelles de vie (les petites lumières), réparties dans différentes familles, en fonction de leurs « spécialisations », vocations et choix. Les étincelles de vie scintillent d'une énergie pure. Elles forment la Source et une énergie d'une force puissante, débordante de splendeur et de douceur, s'en dégage. Nous pourrions comparer la Source à l'océan. Pour que l'océan existe, il faut une masse de petites gouttes d'eau. Elles engendrent le mouvement et la vague se crée. Une goutte seule ne peut représenter l'océan mais elle lui appartient. Elle est mouvement, vague et océan en même temps. Et rien ne ressemble plus à une goutte d'eau qu'une autre goutte d'eau.

L'étincelle de vie peut être comparée au contenu d'une cuillère à soupe de cette fameuse soupe divine. Chacune contient la même substance. L'étincelle de vie appartient à la conscience collective du groupe tout en ayant sa propre fréquence vibratoire. Chacune a de l'importance et de l'influence pour elle-même et pour toutes les autres.

Toutes ces étincelles de vie, rassemblées au sein de la Source, trouvent tout ce dont elles ont besoin : amour, accompagnement, chaleur, douceur, écoute, entraide, compassion, paix, unité.

Nous pouvons imaginer un besoin d'évoluer au sein de la Source, dans le sens de faire des apprentissages, des expériences pour mieux se comprendre et la comprendre. Certaines étincelles de vie sont restées en son cœur et poursuivent leur transformation par ce biais-là. D'autres ont souhaité expérimenter sur d'autres plans. S'incarner sur la Terre est une autre manière d'acquérir des connaissances. Rien n'est juste ou faux... Ce sont des découvertes différentes d'un enseignement bénéfique pour tous.

Pour pouvoir évoluer à l'extérieur de la Source, il est nécessaire de passer dans un « sas d'adaptation » appelé l'Âme Mère. L'étincelle vibrant à de très hautes fréquences a besoin de revêtir une protection vibratoire. Elle lui permet de traverser étape par étape les différents niveaux vibratoires (paliers) en la rendant plus « dense » pour se préparer à l'incarnation terrestre.

Si l'étincelle de vie était un plongeur qui explore le fond des mers, tout comme lui, elle doit respecter des paliers de décompression avant de remonter à la surface.

L'étincelle de vie est la partie appartenant à la Source et l'âme est la partie expérimentant en dehors de la Source. Ces deux parties sont toujours intimement reliées entre elles.

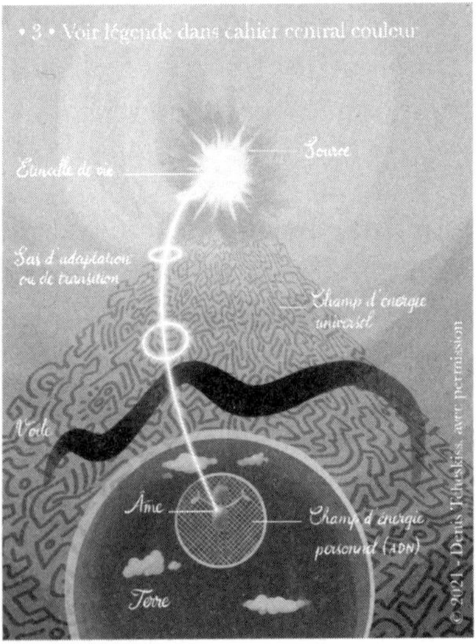

Un processus s'est mis en place pour répondre aux attentes des étincelles de vie. Lorsque les premières âmes ont quitté la Source pour expérimenter quelque part dans l'univers, elles sont restées « énergie pure » et en lien direct avec la Source. Elles vibraient également à de très hautes fréquences. Elles savaient d'où elles venaient et où était la « maison ». En fonction de leurs intérêts et de leur sensibilité, elles ont commencé d'accroître leurs connaissances et apprentissages. Puis est venu un temps où des âmes audacieuses, dont vous et moi, ont décidé d'expérimenter dans la matière. Ce défi est conséquent car l'environnement terrestre vibre à « basses » fréquences et expérimenter dans la matière demande beaucoup de courage. Il permet, à celles qui le souhaitent de vivre des expériences singulières et très fortes en émotions de toutes sortes.

Parmi les âmes incarnées sur Terre, certaines ont d'abord évolué sur différents plans (vibrant à hautes fréquences) avant de choisir l'expérimentation dans la matière. D'autres ont choisi de s'incarner directement sur Terre. L'évolution est propre à chaque âme. Ce qui est vrai pour l'une ne l'est pas forcément pour l'autre, d'où l'incroyable diversité de consciences et de perceptions. Les parcours sont hétéroclites et correspondent au désir profond de l'âme.

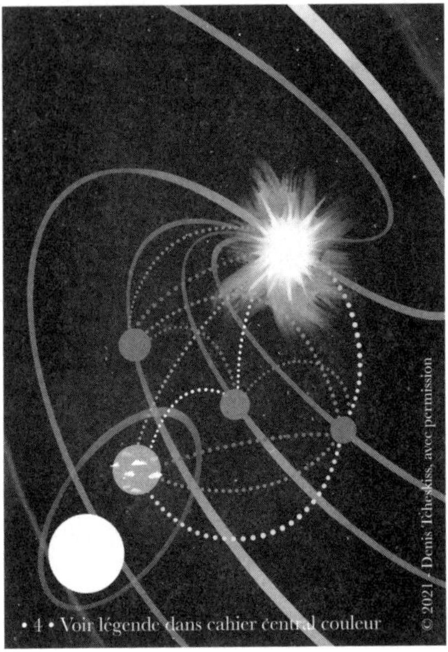

LA MISSION DE L'ÂME

La mission première de l'âme est de servir la Source. Grâce au registre akashique (grande bibliothèque regroupant l'histoire de la Source dans son intégralité et enregistrant instantanément chaque mouvement de cette fameuse toile), nous y trouvons notre registre akashique personnel. Pour donner une image, chacun y possède son propre livre déposé sur une des étagères de la bibliothèque. Il contient toute notre histoire, notre évolution et nos potentiels. Nous y trouvons également notre Dharma (lois naturelles, normes, coutumes, enseignement, religion) et notre

Karma (série d'expériences de vie liées à la réincarnation).

Cet immense dépôt d'informations rempli des archives de ce que nous avons vécu, expérimenté, pensé, représente la globalité de tous les apprentissages vécus par le passé, dans le présent et les hypothèses du futur. Notre âme connaît la totalité de notre histoire, dans tous les détails. Notre esprit (intellect) ne se souvient que de ce qui concerne cette vie-ci et encore... de manière imparfaite, puisque nous avons oublié les toutes premières années de notre vie et que bien des souvenirs se sont évanouis au fil du temps. Parfois, pour nous protéger d'un événement traumatisant et tellement douloureux, notre cerveau l'enfouit quelque part en nous et nous allons jusqu'à l'« oublier ».

Lors de l'incarnation sur notre planète bleue, notre âme transite par différents sas et traverse ce que nous pouvons appeler un « voile ». À partir de ce moment-là, c'est l'oubli absolu de l'être spirituel que nous sommes. Toutefois, notre âme garde en elle (dans l'ADN) toutes les informations du registre akashique[1] qui s'avéreront très précieuses pour notre guidance durant notre vie terrestre.

---

1 Ervin Laszlo parle d'Akasha (terme Sanskrit et Védique) pour définir l'« espace ». Il nomme ce champ d'informations le « champ akashique » et explique que le « vacuum quantique » est l'énergie fondamentale qui transporte des informations et informe non seulement l'univers présent, mais tous les univers passés et futurs.

À titre d'exemple, nous pouvons à nouveau comparer l'ADN à une banque de données. Nous avons accès consciemment à certains fichiers comme ceux de notre propre existence terrestre. Nous avons le mot de passe pour entrer dans notre propre fichier et pouvons le consulter à tout moment. D'autres fichiers sont accessibles librement et nous pouvons les consulter quand bon nous semble. Ils pourraient être comparés à Internet. Par contre, l'accès à certains dossiers est « bloqué ». Sans mot de passe, impossible d'en percevoir le contenu. Plusieurs raisons à cela : il s'agit d'informations dont nous n'avons pas à avoir connaissance pour l'instant, ou qui ne seraient d'aucune utilité dans cette incarnation, ou qui ne sont pas disponibles car nous devons d'abord progresser dans l'expérimentation actuelle afin d'obtenir un mot de passe.

Chaque âme s'incarne avec une mission et un objectif bien précis. Il s'agit de faire de riches expériences. Il n'y a pas de jugement de ce qui serait bon ou mauvais. L'âme a le désir profond de servir la Source et les autres âmes. Elle souhaite développer l'amour, la sagesse, la joie, la paix, la foi, l'empathie, l'entraide et bien d'autres choses encore. Le corps humain nous permet de développer cette approche différente grâce à nos sens. Nous pouvons ressentir, vivre les émotions et la planète Terre est un lieu idéal pour ces apprentissages.

L'étincelle de vie est soutenue et accompagnée dans

sa démarche par des guides, des enseignants ou anges gardiens qui veillent sur elle durant tout son parcours terrestre. Vivre le grand jeu de la vie est une expérience courageuse et l'appui extérieur est précieux pour celui qui expérimente ici-bas.

En fonction de sa progression d'évolution, d'autres guides prendront le relais pour aiguiller notre âme et pour l'encourager. Elle sera accompagnée également d'autres âmes incarnées qui la parraineront dans cette vie, en harmonie avec le plan divin de chacun.

Les vieilles âmes incarnées (ayant vécu une multitude de vies sur Terre) sont là pour aider les jeunes (dans leur première incarnation ou ayant vécu quelques vies) à s'éveiller. Chacune y trouve son compte. Les expériences et acquis des plus vieilles sont utiles aux plus jeunes et les jeunes âmes bousculent les plus vieilles dans la poursuite de leurs apprentissages.

C'est un peu comme la société humaine. Il faut des nourrissons, des enfants, des adolescents, des adultes et des vieillards. Pour que l'expérience soit riche et intense, la variété est de mise. Et chaque étape de vie est importante, nous ne pouvons pas en sauter une.

Une âme, dans ses premières incarnations, n'aura pas les mêmes « objectifs » qu'une âme dans sa centième incarnation. Ses souhaits seront à la hauteur de ses possibilités. L'âme choisit un défi à sa portée, donc réalisable, qu'elle soit jeune ou plus vieille.

Pour ascensionner, c'est-à-dire ne plus revenir sur cette Terre, nous devons, grâce à notre travail d'expérimentation, « gagner » des rayons qui représentent la sagesse divine et qui valident nos acquis.

La foi, la sagesse et l'intelligence divine, l'amour inconditionnel, la paix, le pardon, la pureté et la clarté, l'abondance et la prospérité font partie des rayons à vivre.

Le rayon bleu correspond à la foi, le jaune à la sagesse et à l'intelligence divine et le rayon rose à l'amour inconditionnel. C'est ce que nous appelons la Trinité et chacun de nous possède ces trois flammes principales. Le rayon blanc symbolise la pureté, la clarté et l'ascension. Le vert s'apparente à la guérison spirituelle et physique. Le rayon orange est celui de la paix, l'abondance et la prospérité, tandis que le rayon violet correspond à la transmutation, le pardon et la compassion.

L'âme possède les clés pour ascensionner. Elle gère le karma, aime l'harmonie, la création. Les acquis spirituels le sont pour toujours. Notre plus haute conscience spirituelle est celle de cette vie-ci. Elle n'est pas liée à la fonction ou au poste que nous occupons dans la société humaine. À titre d'exemple, être un haut dignitaire religieux ne signifie pas pour autant posséder une haute conscience spirituelle. Certains sont de grands sages, d'autres ne le sont pas. De par son poste, le dignitaire religieux a certainement acquis de grandes connaissances intellectuelles, mais peut-être qu'une personne atteinte d'un handicap mental est déjà investie d'une immense sagesse et de connaissances liées à un éveil spirituel conséquent. À chacun son expérimentation selon le désir profond de l'âme...

Nous sommes comme des sportifs de haut niveau. Pour progresser, nous devons nous entraîner par tous les temps. C'est à force de persévérance que nous nous rapprochons de l'ascension.

L'INCARNATION SUR TERRE

Au sein de l'univers, notre planète, et certainement d'autres, se sont préparées à abriter la vie dans la matière. Il a fallu du temps pour que notre petite planète bleue soit prête à accueillir la vie. Un groupe d'âmes courageuses a alors investi la Terre et a commencé à y vivre. L'âme s'est donc incarnée dans un corps humain, véhicule terrestre indispensable et précieux à souhait pour cette expérimentation conséquente.

Nous sommes donc des êtres spirituels venus vivre une expérience terrestre et pas l'inverse !

Les âmes souhaitant s'incarner se concertent. Elles le font par affinité et expriment leurs souhaits dans l'expérimentation à venir. Telle chose serait bonne pour une, ceci serait bon pour l'autre. Et tout se met en place selon le désir de chacune. Prenons un exemple : une âme que nous appellerons « A » souhaite expérimenter la paix. Une autre âme, « B », selon la loi des causes et effets, la bousculera et lui « empoisonnera » la vie. Une troisième, « C », épaulera « A » dans son projet de paix et sera son soutien ou médiateur. Une quatrième, « D », alimentera l'animosité entre les parties. « A » et « B » se rencontreront et vivront certaines situations qui les amèneront peut-être vers la paix ou dans l'engrenage incessant du conflit ou encore le statu quo.

Nous pourrions comparer la vie terrestre à un grand damier où chaque âme choisit une case spécifique lui permettant d'évoluer en fonction de ce qu'elle souhaite expérimenter ici-bas. Cela paraît peut-être étonnant mais il s'agit d'une grande organisation qui nous dépasse quelque peu en tant qu'humain. Une chose est sûre : si nous voulons expérimenter la paix, il faut être confronté à son contraire. Prenons un exemple : si nous vivions partout sur cette Terre à une température constante de vingt-cinq degrés, jour et nuit, tous les jours de l'année, comment savoir ce que signifie avoir froid (à zéro degré) ou chaud (à quarante degrés) ? Il faut que les opposés existent et se confrontent pour que nous puissions apprendre encore et toujours. Tel est le désir profond de notre âme !

Ayant choisi sa mission et déterminé les souhaits d'apprentissage, chacune peut donc venir ou revenir sur cette Terre pour y faire les expériences souhaitées. Contrairement à ce que nous entendons volontiers : « On choisit ses amis, pas sa famille », il s'avère que, pour simplifier, l'âme choisit précisément le terreau familial. Elle choisit donc – et ce n'est pas toujours facile à entendre – le meilleur père et la meilleure mère pour son expérimentation terrestre. Tout est parfaitement orchestré et réfléchi. La période de l'enfance permet de se mettre en condition pour le jour où nous serons autonomes et libres de faire nos propres choix.

L'âme de l'enfant qui s'incarne va souffler son prénom à ses parents. Un prénom n'est jamais choisi au hasard. Il a une résonance particulière avec la vibration de l'âme incarnée. Ce prénom fait référence à l'histoire personnelle du petit être qui arrive sur Terre et/ou à son désir profond dans l'incarnation qui commence.

Au moment de l'incarnation, l'âme passe le « voile » qui la rendra « amnésique » à qui elle est vraiment et d'où elle vient. En effet, si notre âme arrivait sur Terre avec toute la connaissance qui est la sienne, il serait bien difficile d'expérimenter quoi que ce soit. Nous sommes tous constitués d'une cuillère de soupe divine avec des outils extraordinaires. L'oubli de qui nous sommes est indispensable pour vivre notre vie ici-bas.

En passant le voile, l'âme oublie mais elle reste constamment reliée à la Source. Expérimenter sur Terre, c'est disposer du libre arbitre de nos choix, indépendamment du souhait profond de notre âme.

Le challenge souhaité est à la hauteur de nos capacités. Admettons qu'il faille monter à pied dans un immeuble de huit étages. Si l'âme est capable d'atteindre le troisième étage, son challenge correspondra à cet effort et il ne lui sera pas demandé d'atteindre le cinquième étage. Ceci est encourageant et nous permet de prendre conscience que nous sommes capables de rebondir face aux événements que la vie nous offre d'expérimenter. Cela ne veut pas dire que nous y arriverons forcément mais que cela nous est accessible.

« A », qui désire expérimenter la paix, aura tout loisir de s'approcher d'elle ou au contraire, pourra rester dans la colère ou la violence. Nous avons l'opportunité d'écouter la petite voix intérieure qui nous guide, c'est-à-dire de nous focaliser sur ce que nous ressentons dans notre cœur. C'est un entraînement quotidien qui devient, avec le temps, instinctif. C'est aussi notre liberté d'écouter ou pas la petite voix qui vient du cœur !

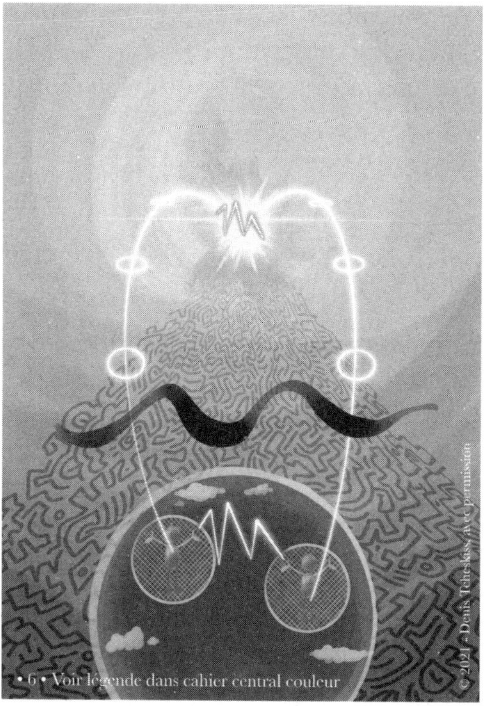

• 6 • Voir légende dans cahier central couleur

Notre âme a un désir puissant d'évoluer car ce qui est bon pour elle est bon pour les autres et donc pour la Source. Chacune s'active à son niveau pour participer à la transformation du Tout et pour atteindre la magnificence de celle-ci.

Nous évoluons tous ensemble sur ce grand damier que nous inventons et réinventons à chaque instant. Avec du recul, cela pourrait ressembler à une grande fourmilière où chaque fourmi remplit sa mission au sein de la communauté. Si nous observons la vie d'une fourmilière, tout semble ordonné et coordonné. Bien des choses nous échappent pour comprendre ce mécanisme... et pourtant, ça fonctionne !

Notre véritable maison, c'est l'univers. Nous ne sommes que de passage sur Terre. Penser que notre réalité est « matérielle », ce serait comme croire que le poisson rouge ne peut vivre que dans un petit bocal et que la mer n'existe pas.

Nous sommes ici pour aller vers un monde de bienveillance.

LES DIFFÉRENTES INCARNATIONS

L'être spirituel que nous sommes ne s'incarne pas qu'une fois sur la Terre. Il est nécessaire d'y faire un certain nombre de passages permettant, à chaque fois, d'évoluer. Lorsque l'âme quitte cette vie, elle est accompagnée et attendue de l'autre côté du voile par les guides, les membres de sa famille l'ayant précédée.

J'aime beaucoup l'idée suivante : notre départ de cette Terre ressemble au passage que nous avons tous fait en y arrivant ! Le bébé dans le ventre de sa mère doit se poser mille et une questions au moment où il sent qu'il va quitter cet endroit chaud et douillet, où il était nourri, logé et accueilli. Il doit avoir le « trouillomètre à zéro » quand il se sent poussé vers la sortie. Voici une jolie histoire qui relate bien cet état d'esprit (l'auteur m'est inconnu) :

Dans le ventre d'une mère, deux bébés discutent.

- Bébé 1 : Et toi, tu crois à la vie après l'accouchement ?

- Bébé 2 : Bien sûr. C'est évident que la vie après l'accouchement existe. Nous sommes ici pour devenir forts et nous préparer pour ce qui nous attend après.

- Bébé 1 : Pff... tout ça, c'est insensé. Il n'y a rien après l'accouchement ! À quoi ressemblerait une vie hors du ventre ?

- Bébé 2 : Eh bien, il y a beaucoup d'histoires à propos de « l'autre côté »... On dit que là-bas, il y a beaucoup de lumière, beaucoup de joie et d'émotions, des milliers de choses à vivre... Par exemple, il paraît que là-bas on va manger avec notre bouche.

- Bébé 1 : Mais c'est n'importe quoi ! Nous avons notre cordon ombilical et c'est ça qui nous nourrit. Tout le monde le sait. On ne se nourrit pas avec la bouche ! Et, bien sûr, il n'y a jamais eu de revenant de cette autre vie... donc tout ça, ce sont des histoires de personnes naïves. La vie se termine tout simplement à l'accouchement. C'est comme ça, il faut l'accepter.

• Bébé 2 : Eh bien, permets-moi de penser autrement. C'est sûr, je ne sais pas exactement à quoi cette vie après l'accouchement va ressembler et je ne pourrai rien te prouver. Mais j'aime à croire que, dans la vie qui vient, nous verrons notre maman et qu'elle prendra soin de nous.

• Bébé 1 : « Maman » ? Tu veux dire que tu crois en « maman » ??? Ah ! Et où se trouve-t-elle ?

• Bébé 2 : Mais partout, tu vois bien ! Elle est partout, autour de nous ! Nous sommes faits d'elle et c'est grâce à elle que nous vivons. Sans elle, nous ne serions pas là.

• Bébé 1 : C'est absurde ! Je n'ai jamais vu aucune maman donc c'est évident qu'elle n'existe pas.

• Bébé 2 : Je ne suis pas d'accord, ça c'est ton point de vue. Car, parfois, lorsque tout devient calme, on peut entendre quand elle chante... On peut sentir quand elle caresse notre monde... Je suis certain que notre vraie Vie va commencer après l'accouchement...

Lorsque l'âme retourne de l'autre côté du voile, elle

observe sa vie passée. Telle chose aura été intéressante dans l'expérimentation, telle autre aura fait comprendre ceci ou cela. Il n'y a pas de jugement. Rien n'est bien ou mal. Il y a juste une expérimentation qui nous a appris quantité de choses et c'est tellement riche. Grâce à cela, nous pouvons mieux comprendre. Le projet ambitieux de notre âme a-t-il abouti ? Peut-être que nous avons bien ou peu progressé. C'est « égal » et nous reviendrons encore sur Terre pour expérimenter dans de nombreuses vies. Notre âme est animée de cette motivation originelle. Elle attend déjà sa prochaine incarnation comme on se réjouit de recevoir un magnifique cadeau. Il arrive aussi que l'expérimentation de venir sur Terre soit remplie de craintes et de doutes malgré l'appel puissant à franchir l'étape de l'incarnation, ceci d'autant plus si l'expérience vécue sur Terre a été pénible. De toutes les façons, notre âme est amenée à croître en sagesse. Quelle joie, quel privilège mais aussi quelle difficulté ! Le chemin est enrichissant mais également compliqué car à l'heure de l'ère spirituelle, nous devons agir au plus près de notre conscience. Chaque âme s'incarne pour cultiver l'amour, la joie, non seulement pour elle mais également en se mettant au service des autres.

Des « vieilles » âmes (ayant vécu de multiples incarnations et dont l'évolution est « avancée ») se mettent au service des plus jeunes. Elles les accompagnent et les guident sur Terre de mille et une façons. Cela peut se faire simplement et spontanément, en partageant quelques instants de son temps au détour d'une rue, en offrant un sourire, une fleur, une main tendue à celui qui en a besoin, une rencontre par le biais de son occupation professionnelle, dans le cadre d'une activité culturelle ou encore en accompagnant un membre de sa famille ou un ami. Nous avons tous des personnes qui se sont trouvées sur notre chemin au bon moment et qui nous ont redonné courage, confiance, espoir. Peut-être que quelques paroles, une lecture suggérée, une balade, ont suffi pour nous donner l'impulsion nécessaire à la poursuite de notre chemin de vie.

• 7 • Voir légende dans cahier central couleur

Les plus jeunes âmes permettent aux plus vieilles de continuer leur progression en les poussant à affiner leurs expérimentations. Chacune est gagnante.

Le hasard n'existe pas et l'Univers se charge de mettre sur notre route les personnes et les situations nécessaires à notre expérimentation et évolution. Nous sommes sur ce grand damier où tout évolue en direct et tout se met en place selon le grand plan divin. Pour cela, soyons attentifs aux petits signes que nous recevons sans cesse. Il ne s'agit pas d'analyser continuellement mais d'observer ce qui se passe autour de nous et en nous. Notre cœur sait reconnaître ces signaux et notre corps diffuse des informations précieuses auxquelles nous devons être réactifs pour prendre soin de nous.

En attendant la prochaine incarnation, l'âme s'active et se prépare. Les expériences engrangées lui permettent d'approfondir la réflexion sur ses acquis ou ses manques. Elle a peut-être besoin d'être « soignée », « chouchoutée », « réparée », « encadrée », « conseillée ». Elle trouve l'espace nécessaire à ses besoins avec l'aide des guides notamment. Et lorsque le temps sera venu pour elle, elle reviendra sur Terre pour poursuivre ce passionnant voyage. Elle choisira, avec l'aide des guides et en accord avec les autres âmes, le ou les challenges utiles à son évolution et à celle de la Source.

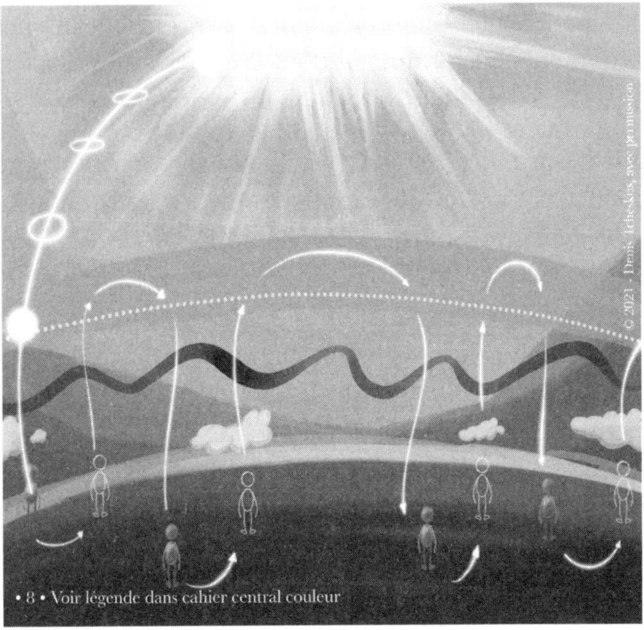

• 8 • Voir légende dans cahier central couleur

CORPS, ÂME, ESPRIT

En tant qu'être humain, nous sommes formés d'un corps physique (que l'on nomme aussi : véhicule terrestre), d'une âme (cœur) et d'un esprit (intellect ou mental). Corps, âme, esprit sont appelés à collaborer ensemble comme trois partenaires à part entière. Chacun a des compétences spécifiques et très complémentaires. Il est indispensable d'écouter ces trois parties de nous-mêmes, de les respecter dans leurs choix, dans leurs envies mais aussi de savoir quelles sont leurs limites.

Prenons un exemple pour symboliser le fonctionnement et la place des trois partenaires, corps, âme, esprit. Le corps est notre véhicule terrestre et nous avons la responsabilité d'en prendre bien soin car c'est dans celui-ci que l'âme s'incarne. Il est évidemment adapté à la vie sur Terre. L'âme, notre partie divine, a besoin de ce véhicule terrestre pour expérimenter dans la matière. Notre corps a également besoin de l'esprit (intellect ou mental), merveilleux outil permettant la symbolisation, la coordination, la mémorisation, l'abstraction.

Imaginons ce véhicule terrestre comme une jolie voiture. Il en existe des petites, des grandes, avec une grosse cylindrée ou pas, fonctionnant à l'essence, au diesel ou à l'électricité, avec une quantité de gadgets ou juste avec les fonctions essentielles, de toutes les couleurs ou encore stylisées selon le souhait de son propriétaire. Certaines sont neuves, d'autres sont cabossées. Bref, chaque voiture (corps) est unique.

Pour qu'elle fonctionne, il faut quelqu'un de compétent au volant. Il s'agit de notre esprit qui est là en qualité de chauffeur. Notre intellect connaît bien le code de la route puisqu'il est adapté à la vie terrestre. Il respecte les limitations de vitesse, sait anticiper à un croisement de routes pour que la circulation reste fluide, accélère en douceur, freine fermement si cela s'avère nécessaire pour notre sécurité. Il est capable de trouver une direction choisie et de s'engager sur la route pour arriver à destination sans encombre.

Sur le siège passager avant, nous y mettons notre âme. C'est elle qui donne la direction à prendre au chauffeur. L'âme connaît son projet d'incarnation. Elle est attentive aux différents choix possibles pour se diriger vers une destination choisie. Pour cheminer, plusieurs alternatives sont envisageables.

Si vous habitez Paris et que vous désirez prendre la direction de Marseille (choix de votre âme), une multitude de chemins s'offrent à vous. Vous pouvez prendre la voie la plus rapide en empruntant l'autoroute. Vous pouvez aussi choisir de rouler sur les routes nationales ou sur de toutes petites routes de campagne. Vous pouvez également faire un mixte des trois possibilités. Il est possible de faire un minimum d'arrêts. Vous avez également la possibilité de faire un détour par une ville ou une région que vous désirez visiter. Tout est envisageable. L'important est d'avancer à son rythme dans la direction de Marseille.

Si chacun fait son travail – corps-âme-esprit – en respectant les autres parties, la cohabitation devrait être agréable et le voyage plutôt harmonieux. Quand la voiture (corps) a besoin d'un service, faire le plein d'essence ou réparer une pièce par exemple, le chauffeur (intellect ou mental) s'arrête et prend les dispositions nécessaires pour que sa voiture soit à nouveau opérationnelle. Ainsi, elle peut reprendre la route dans de bonnes conditions. Lorsque le chauffeur ne sait pas ou plus s'orienter, il consulte le passager avant, l'âme, qui choisit le chemin le mieux adapté à la situation pour continuer la route de la manière la plus sereine possible. La conscience de l'être spirituel que nous sommes est tellement plus importante que celle de notre intellect (chauffeur)...

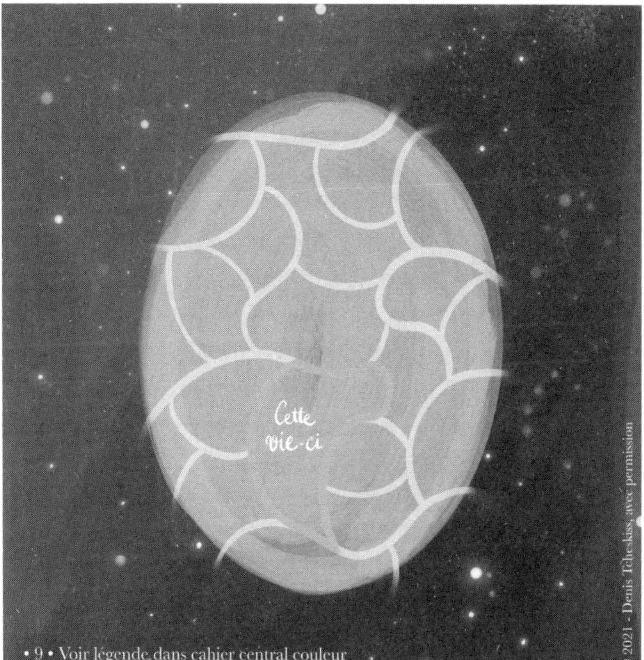

• 9 • Voir légende, dans cahier central couleur

Mais que se passe-t-il si le chauffeur, l'intellect ou le mental, veut décider de tout sans tenir compte des autres parties ? La voiture va peut-être fonctionner au-delà de ses limites. Dans un premier temps, elle aura certainement des ressources pour continuer à un rythme supérieur à ses capacités. Dans un second temps, le moteur ou la carrosserie vont montrer des signes de fatigue ou de faiblesse. Dans un troisième temps, une panne ou un accident se produira peut-être, obligeant l'arrêt inopiné du véhicule pour le réparer si c'est encore possible. C'est sans compter que la direction prise par le chauffeur ne sera peut-être pas la bonne, celui-ci s'étant passé des recommandations du passager avant, l'âme.

Le chauffeur ne pourra pas sortir de cette errance tout seul car il a besoin de l'appui et de la collaboration de ses autres partenaires. Sans le véhicule fonctionnel qu'est le corps, sans savoir quelle direction prendre, il se retrouve dans l'incapacité de gérer la situation. Et même s'il est très intelligent, il lui manque des informations précieuses qu'il ne connaît pas car c'est du ressort de l'âme.

Admettons que vous montiez dans un taxi... un vrai cette fois-ci. Le chauffeur le plus expérimenté du monde ne saura pas où vous conduire si vous ne lui donnez pas cette information. Il pourra passer sa vie à chercher et ne trouvera certainement pas. Ce sera un véritable casse-tête pour lui. Son rôle est de vous emmener là où vous désirez et ceci est de votre ressort uniquement ! Ce même chauffeur expérimenté ne pourra vous conduire nulle part si son véhicule est en panne.

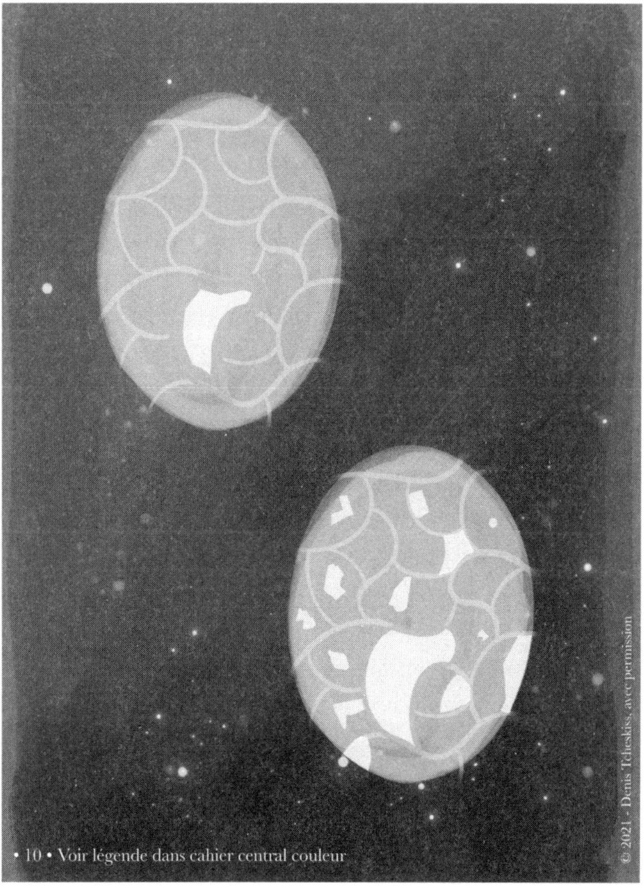

• 10 • Voir légende dans cahier central couleur

Si notre corps « roule » souvent à 120 km/h (sur l'autoroute comme en ville), si notre esprit essaie de régler des choses qui ne sont pas de son ressort tout en étant préoccupé par des informations de toutes sortes, que notre cœur (âme) se bat pour être écouté et entendu... que se passe-t-il ? Nous sommes proches de l'épuisement. Cela paraît évident et pourtant...

Nous exigeons beaucoup de notre corps, mettons notre mental à rude épreuve et oublions d'écouter notre cœur dans une société allant toujours plus vite à la recherche de... allez savoir quoi dans le fond ! Nous nous perdons en route, pris dans une spirale infernale. Quand nos corps-âme-esprit sont exténués et qu'ils n'en peuvent plus, ils nous obligent à nous arrêter avec la maladie (le mal a dit) !

Notre société cartésienne privilégie les compétences cérébrales, au détriment des autres. Dès notre plus jeune âge, les apprentissages sont axés sur les connaissances intellectuelles. La reconnaissance des besoins de l'âme et du corps sont relégués au second rang ou parfois même ignorés. Il serait profitable pour tous de prendre le temps dès la plus petite enfance, de développer les prédispositions de notre cœur : être à l'écoute de nos besoins, écouter les autres, se respecter, comprendre les émotions et les accueillir comme telles, avec ce qu'elles ont à nous apprendre.

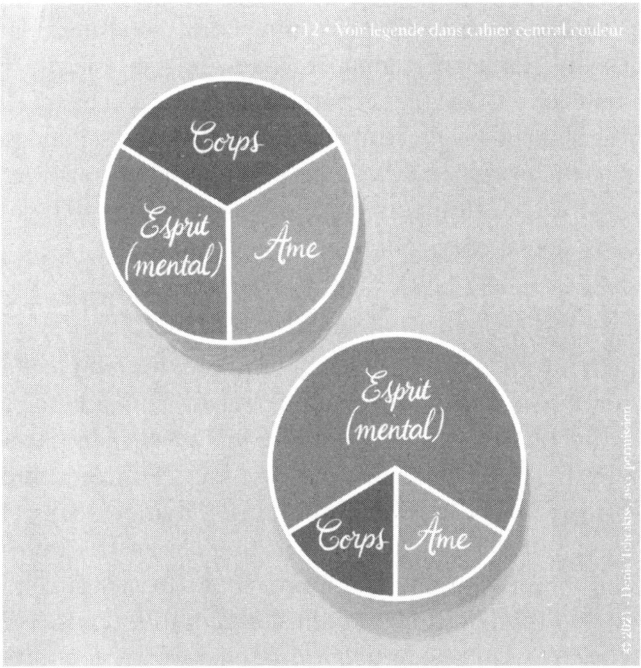

La diversité des qualités de chacun est un véritable cadeau permettant d'apporter notre contribution unique et essentielle à la vie et à la cohabitation sur Terre. Toutes les compétences devraient être reconnues comme précieuses car indispensables au bon fonctionnement de notre société.

Imaginons une société constituée uniquement d'intellectuels spécialisés dans la programmation informatique. Les projets les plus fantastiques ne pourraient pas voir le jour car un partenariat avec une quantité d'autres personnes aux compétences variées est indispensable. Et cela va du cuisinier au cantonnier, en passant par le personnel soignant, le mécanicien, le financier, l'artiste, le facteur, l'ingénieur en génie civil, l'agriculteur, le charpentier, l'enseignant. Si un maillon de cette magnifique chaîne faillit, les répercussions dans la vie de tous les jours sont quasi immédiates avec des conséquences plus ou moins embarrassantes.

LE TEMPS N'EXISTE PAS

Le temps n'existe pas ! En tant qu'être humain, cette notion est difficile à comprendre. Certes, sur notre petite planète, nous fonctionnons avec un espace-temps et cette structuration du temps est nécessaire lorsque nous expérimentons dans la matière. Mais si nous réfléchissons quelques instants, nous nous rendons compte que le seul moment qui existe est celui que nous vivons maintenant. Le passé n'est plus et le futur n'est qu'une projection de ce qui sera peut-être ou pas. Le passé et le futur existent dans notre tête, c'est tout !

Au niveau de l'univers et de l'âme, c'est différent. C'est comme si nous vivions dans un perpétuel présent.

Prenons l'exemple d'un poste de télévision qui représenterait l'univers. Dans cette télévision, vous avez peut-être des centaines de programmes différents à votre disposition. Lorsque vous regardez la chaîne n° 10, cela ne veut pas dire qu'il ne se passe rien sur les autres ! Votre réalité est de regarder ce qui se passe sur la n° 10 mais les programmes défilent au même moment sur les autres chaînes. Notre âme peut s'intéresser à ce qui se passe simultanément sur un programme ou sur un autre. N'oublions pas qu'elle est énergie pure et qu'elle voyage instantanément là où elle désire. Ceci n'est pas possible pour l'être humain que nous sommes, conditionné par notre intellect conçu pour vivre l'expérience terrestre.

Toutes les expériences vécues sur les différentes chaînes à notre disposition sont soigneusement répertoriées dans notre ADN et au niveau de l'âme, tout est là dans l'ici et maintenant.

LES TROIS NIVEAUX D'OUVERTURE

En tant qu'être humain, nous cheminons à travers trois niveaux d'ouverture qui dépendent de nos apprentissages et de notre évolution spirituelle.

Le premier niveau, nous pouvons l'appeler « Moi-Je ».

À ce stade, l'état d'esprit de l'être humain se résume à : j'agis pour le bien individuel. Les autres, je m'en fiche et je me moque des conséquences pour autrui. Je suis soit gagnant, soit perdant.

Passé ce stade, l'humain chemine vers le deuxième stade d'évolution : « Nous ».

Il réalise que ce qui est bon pour lui, l'est également pour les autres. La compétition ne l'intéresse plus. Il désire agir pour le bien commun car tout le monde est gagnant.

Puis vient la troisième étape : « Tout ».

À ce stade-là, ce qui est bon pour moi est bon pour les autres, pour la planète et l'univers tout entier. Mon propre canal gère, contrôle et me guide vers ma réalisation spirituelle et celle de la Source.

Sur notre petite planète bleue, nous trouvons des êtres humains évoluant dans les trois niveaux d'ouverture. Chacun chemine selon sa propre vision et compréhension de la vie. Un tel sera dans le « Moi-Je » et ne se souciera pas de son voisin. Le voisin, dans le « Nous » aura beaucoup de difficultés à établir une connexion avec son voisin de palier. Un troisième, dans le « Tout » regardera la vie d'un tout autre œil.

Admettons que le champ de vision du « Moi-Je »

est à 90 degrés, le « Nous » à 180 et le « Tout » à 360. Ce doux mélange de niveaux nous fait prendre conscience de la réalité de notre monde.

Imaginons une chambre en forme d'hexagone, constituée de parois vitrées sur lesquelles six rideaux noirs sont installés qui l'obscurcissent complètement.

Quelle sera la vision de chacun ?

La personne « Tout » est à l'intérieur de cette pièce. Cinq rideaux sont ouverts et le sixième commence à s'ouvrir. Sur une face, elle voit du vert et sur la deuxième, il y a de l'orange. Sur la troisième, c'est le jaune qui se présente à elle. Sur la quatrième, elle perçoit du rouge. Sur la cinquième, le bleu apparaît et sur la sixième, on commence à voir le violet. La personne « Tout » a loisir de regarder ce qui l'intéresse et la capacité de changer d'horizon en s'orientant différemment. Elle voit les choses dans leur globalité. Elle sait que la paroi rouge existe même si elle est en train de regarder la verte. L'un n'exclut pas l'autre. Les couleurs offrent un magnifique spectacle et c'est tellement beau de voir cette palette. La personne « Tout » peut même imaginer un arc-en-ciel avec toutes les couleurs qui le composent.

Pour la personne « Nous », deux parois offrent une vue magnifique sur le vert et l'orange. Sur la troisième, c'est le jaune qu'elle perçoit. Un quatrième rideau est en train de s'ouvrir et le rouge pointe son nez. La personne « Nous » sait qu'elle va faire d'autres découvertes lorsque les rideaux des deux autres parois s'ouvriront et elle peut déjà s'en réjouir.

Pour la personne « Moi-Je », c'est la paroi donnant sur le vert qui est ouverte et pour l'instant sa réalité, c'est d'observer le vert et ses nuances. Elle perçoit la différence entre le clair et le foncé mais doit apprendre à repérer les divers reflets. La personne « Moi-Je » devra travailler pour distinguer les formes de vert présentes sur la paroi vitrée. Ensuite et avec le temps, elle pourra découvrir une autre couleur, puis une autre encore et ainsi de suite. Mais pour l'instant, seul le vert existe pour elle. C'est sa réalité et sa vérité. Elle ne peut pas imaginer des couleurs qu'elle n'a jamais vues. Il lui faudra du temps pour faire un quart de tour et commencer à découvrir ce qui se cache derrière le prochain rideau.

Il n'est pas nécessaire de donner davantage d'exemples...

Il est juste important de bien comprendre que chacun conçoit les choses et le monde sous un angle de perception différent en fonction de son évolution. C'est ainsi ! Le challenge du « Tout » sera aussi d'accueillir le « Moi-Je » avec bienveillance car son âme n'est peut-être pas encore prête pour passer le cap suivant. Le « Tout » souhaitera apporter son aide à ceux qui ont besoin de s'éveiller davantage car ceci est bon pour tous. Mais chaque chose en son temps !

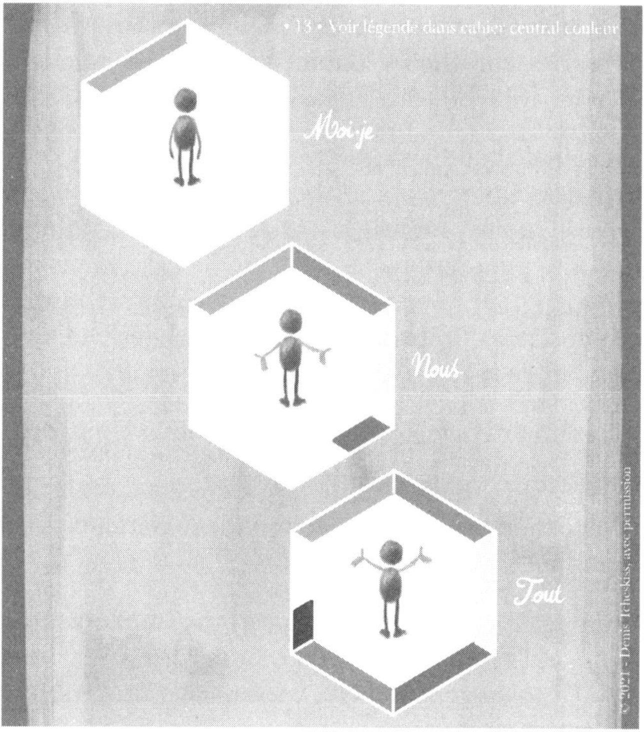

L'ÉLÉVATION SPIRITUELLE DE L'ÂME

Le travail de l'âme consiste à servir la Source encore et toujours mais également à franchir des étapes lui permettant l'ascension et son retour auprès d'elle.

Prenons l'exemple d'un immeuble de huit étages. À chaque niveau, nous trouvons une série de chambres en enfilade qu'il faut traverser pour atteindre l'escalier permettant de monter au niveau suivant. Dans chaque pièce, des expériences sont à faire, à affiner et à comprendre avant de pouvoir passer dans la suivante.

Chacun de nous passe par toutes les pièces et en fonction des expérimentations et de la compréhension acquise, nous progressons, chacun à notre rythme. Il faudra peut-être recommencer X fois la même expérience pour la comprendre et élever notre niveau de conscience spirituelle. Cela dépend des choix de l'âme et de la réalisation de ceux-ci ou non.

Au premier étage, nous trouvons la Source incarnée dans la matière.

Le deuxième correspond au monde minéral, végétal et animal.

Au troisième, nous trouvons le règne humain. À ce stade-là, l'Homme n'est pas « branché » à ses brins d'ADN (registre akashique personnel et universel) et n'a pas conscience de son propre pouvoir. Symboliquement, cela signifie que la race humaine a la tête coupée. Elle ne sait pas qui elle est, d'où elle vient ni où elle va.

Actuellement, la majorité des humains progressent vers le quatrième étage et symboliquement prennent l'escalier (le cou) pour arriver à la base de la tête en prenant conscience de qui ils sont vraiment. À ce niveau, l'être humain expérimente l'amour-compassion. Cela lui permet également de se brancher à son

ADN et il peut commencer à utiliser sa bibliothèque personnelle.

Au cinquième étage, le pouvoir créateur est davantage puissant. Outre les expériences précédemment acquises à l'étage 4, l'humain expérimente l'amour-compassion pour les autres.

Au sixième étage se trouve la porte de la supraconscience ; les humains se trouvant là sont très en avance par rapport à monsieur-madame-tout-le-monde, actuellement à l'étage 3 et progressant vers le quatrième. Outre les acquis des étages 4 et 5, il est possible d'accueillir la sagesse en soi et récolter les fruits de toutes les incarnations précédentes. L'être humain qui s'y trouve peut apporter de l'aide aux humains présents dans les étages inférieurs.

Au septième étage, nous trouvons des âmes incarnées qui viennent apporter leur soutien à l'humanité et qui sont complètement désintéressées par leur propre histoire. Ces personnes sont de grands maîtres spirituels comme François d'Assise, Gandhi ou des personnalités comme Mère Teresa, Martin Luther King, etc.

Au huitième niveau se trouve la Source constituée de toutes les étincelles de vie où tout est Un et Un avec le Tout.

L'élévation spirituelle de l'âme est donc un défi très conséquent où il faudra apprendre, désapprendre, réapprendre sans cesse et de manière toujours plus subtile pour nous permettre de gravir les étages.

Un proverbe aborigène dit : « Nous sommes tous des visiteurs de ce temps, de ce lieu. Nous ne faisons que les traverser. Notre but ici est d'observer, d'apprendre, de grandir, d'aimer... après quoi, nous rentrons à la maison. »

LA MALADIE (LE MAL A DIT)

La maladie ou quand le « mal a dit » ou encore quand « l'âme a dit »[2] ! Le corps envoie des signaux et les analyser permet de prendre conscience d'un conflit interne à résoudre. Il s'agit toujours d'une piste fort intéressante à suivre en parallèle avec la médecine traditionnelle. L'être humain n'a pas forcément conscience que sa maladie est aussi d'origine psycho-émotionnelle.

Exclure les émotions et ne soigner qu'un membre, par exemple, c'est oublier que nous sommes composés de trois parties intimement reliées entre elles : corps-âme-esprit ! Pour guérir totalement, il faut être conscient de la cause profonde de ce « mal a dit ». C'est aussi l'occasion de prendre un temps pour soi, pour se poser les bonnes questions et rectifier sa trajectoire de vie, si nécessaire. Les pistes proposées sont souvent révélatrices et celui qui prend le

---

2 La langue des oiseaux permet d'entendre et d'interpréter le sens profond d'un mot.

temps de la réflexion met toutes les chances de son côté pour aller mieux et cheminer vers la guérison. Notre corps porte en mémoire toute notre histoire. Les symptômes de la maladie sont des messages nous permettant de prendre conscience qu'il est temps pour nous de changer de cap pour retrouver l'harmonie dans notre vie, dans notre corps tout en écoutant notre âme.

Platon disait déjà : « Les maux du corps sont les mots de l'âme. Ainsi on ne doit pas chercher à guérir le corps sans guérir l'âme ».

LE TRAVAIL DE NETTOYAGE

Tout ce que nous vivons s'inscrit dans les cellules de notre corps : ce qui nous fait du bien, ce qui nous fait souffrir ou nous a fait souffrir. Ce qui nous fait du bien, nous le gardons précieusement. Pour le reste, il faut le nettoyer ou le transformer. Il y a ce que nous arrivons à évacuer naturellement, avec le temps, parce que nous avons laissé s'en aller la souffrance provoquée et que nous avons la faculté de rebondir face aux événements douloureux de la vie.

Pour ce qui est des traumatismes plus importants comme le deuil d'une personne jeune, un accident, un incendie, un abandon, un abus, un sentiment de trahison, nous avons peut-être besoin d'un coup de pouce pour entamer cette démarche. Il ne s'agit pas de renier son passé ou de « l'oublier ». Ce qui nous a fait souffrir nous a vraiment fait souffrir. Lorsque nous parlons d'un événement douloureux de notre existence, il faudrait pouvoir en reparler avec une émotion « neutre ». À partir du moment où, quand nous évoquons un épisode traumatisant de notre vie, notre gorge se serre, notre estomac se noue, les larmes nous montent aux yeux et nos jambes flageolent, c'est signe que nous sommes encore touchés au plus profond de notre être. Cela signifie aussi que la blessure engendrée est toujours présente.

Prenons un exemple : le traumatisme vécu provoque symboliquement une plaie au niveau de notre corps. Si nous ne nous en occupons pas, la blessure risque de s'aggraver en s'infectant ou autre. Nous pouvons aussi imaginer mettre un joli pansement, tel un médicament, sur cette plaie pour en atténuer la douleur ou pour la protéger. Le temps passe mais quand nous nous avisons de retirer le pansement, la blessure est toujours présente et elle reste douloureuse. À chaque fois que nous touchons cette blessure, nous risquons de réagir de manière disproportionnée, de peur de souffrir davantage. Le travail de nettoyage consiste à aller en profondeur au niveau de la plaie, en libérant toutes les émotions liées à l'événement pénible. Répétons qu'il ne s'agit pas de renier son passé, au grand jamais ! Ce qui nous a fait souffrir nous a réellement fait souffrir, mais aujourd'hui, cette douleur n'a peut-être plus lieu d'être. En prenant soin de nos blessures, en déposant et transformant nos fardeaux émotionnels, nous nous offrons la possibilité d'aller mieux. Il restera peut-être, symboliquement, une cicatrice au niveau de l'ancienne plaie. Toucher une plaie qui suinte ou toucher une cicatrice, voilà qui change profondément la donne.

C'est donc un magnifique cadeau que nous nous faisons en prenant du temps pour guérir (gai-rire[3]) des affres du passé. C'est aussi une manière de reprendre notre vie en mains en agissant positivement plutôt qu'en subissant les assauts de cette dernière.

Chacun de nous réagit différemment aux situations que la vie lui offre d'expérimenter. Heureusement, d'ailleurs ! C'est ce qui fait la richesse de chaque être et celle de notre société. Ce qui va traumatiser l'un passera inaperçu pour un autre et vice et versa. C'est ainsi et nous prenons acte, c'est tout. Nous n'avons pas à porter de jugement... Et chacun rebondit en fonction de sa capacité de résilience, son expérience de vie.

LE TRAVAIL DE NETTOYAGE... DE CETTE VIE-CI

Dès la première minute de notre existence et jusqu'à ce jour, tout ce que nous vivons s'inscrit dans notre corps. Dans le travail de nettoyage, il faut bien sûr s'occuper des épisodes douloureux et traumatisants. Certains événements sont encore très présents et d'autres ont été enfouis dans notre mémoire, la souffrance étant telle que nous les occultons. C'est aussi

3 Langue des oiseaux.

une stratégie de survie. En ce qui concerne les premières années de notre vie, peut-être nous aura-t-on parlé d'anecdotes particulières, mais il peut aussi manquer quelques pièces de notre puzzle, tant pis ! L'important est de s'atteler à la tâche avec les éléments en notre possession. Le reste suivra car notre corps et notre âme ont la capacité de se libérer des blessures enfouies ou ignorées de ce passé parfois lourd.

Prenons une famille composée d'un père et d'une mère âgés d'environ trente-cinq ans. Ce couple a trois enfants et un quatrième est en route. L'aîné des enfants a huit ans, le second cinq et le petit dernier en a deux. Ils vivent à la campagne, dans une ferme isolée du village, où ils élèvent du bétail et cultivent des terres. Jusque-là, tout va bien. La famille se réjouit de l'arrivée du bébé, dans quelques mois. Mais une nuit, la foudre s'abat sur la ferme qui devient la proie des flammes. Le couple a le temps de sauver ses trois enfants et ne peut que regarder tout ce qui constitue leur vie se réduire en cendres, les secours mettant beaucoup de temps à arriver sur place. En quelques instants, le travail de toute une vie est anéanti et perdu. Le couple se retrouve au petit matin avec ses trois enfants et c'est tout. Dans ce drame, nous pouvons nous réjouir que cette famille soit saine et sauve.

Ceci est un exemple permettant d'illustrer des conséquences possibles pour chacun des membres de la famille. Une quantité d'autres réactions sont bien sûr possibles, chaque trajectoire de vie étant unique.

Que se passe-t-il au niveau des mémoires engendrées par cet épisode tragique pour les membres de cette famille ?

Le père s'effondre totalement car il vient de perdre son gagne-pain. Il revoit toute l'énergie qu'il avait mise dans la construction et l'amélioration de la ferme. C'est aussi le travail de plusieurs générations qui vient de partir en fumée. Il cherche à comprendre pourquoi la foudre s'est abattue sur sa ferme ? Pourquoi chez lui ? Il se sent victime d'une injustice, impuissant et en même temps en colère. Il se souviendra longtemps de chaque minute de cette nuit où il a tout perdu et de son impossibilité à éteindre le feu pour protéger les murs qui abritaient toute sa famille.

La mère serre contre elle ses enfants. Ils sont en vie, Dieu merci ! C'est ça l'essentiel pour elle. Le reste n'était que matériel et une solution va se présenter à eux, elle essaie d'être confiante. L'important maintenant est de parer au plus urgent. Trouver un toit pour sa famille, recréer ailleurs un cocon où tous pourront retrouver leurs marques et accueillir le prochain membre de la famille. Elle gardera de cette nuit un immense chagrin tout en étant reconnaissante à la vie, d'être tous en vie. Elle sait qu'elle doit tenir le coup pour sa famille.

L'enfant de huit ans regarde le désarroi de son père

et se blottit contre sa mère. Il a eu tellement peur de ce grand feu. Réveillé au milieu de la nuit, il n'a pas compris tout de suite ce qui se passait. Il n'a même pas eu le temps de prendre avec lui son cartable avec ses affaires d'école. C'est embêtant, se dit-il. Que va dire mon enseignante demain ? Il voit que tout est détruit mais c'est difficile pour lui d'avoir une vision générale de la situation.

L'enfant de cinq ans pleure. Il ne comprend pas bien ce qui se passe. Il est triste car il n'a pas eu le temps d'emporter avec lui son doudou. Il se sent coupable de l'avoir « oublié » et de ne pas l'avoir sauvé du feu. Il aimerait tellement pouvoir serrer ce doudou contre lui pour qu'ils s'apportent un réconfort mutuel.

L'enfant de deux ans regarde le va-et-vient autour de lui. Il a faim et aimerait bien dormir... mais avec ce grand feu et toute cette agitation, il attend dans les bras de sa mère que quelque chose se passe. Il sait qu'il vaut mieux être « sage » parce que ses parents sont un peu « bizarres ».

Dans le ventre de sa mère, le petit quatrième, qui grandissait bien tranquillement jusqu'à présent, ressent la peine de sa mère et une inquiétude soudaine. Il a perçu un stress immense, une peur panique qui a duré quelques instants. Cette peur est venue s'imprimer dans son corps, bien qu'il ne comprenne pas ce qui se passe. Il se « tient à carreau », pas question de bouger, ce n'est pas le moment, pense-t-il. Le gros choc est passé, il se fait discret car il sent bien qu'à l'extérieur, quelque chose a changé.

Les jours et les semaines passent. La famille a trouvé un logement pendant la reconstruction de la ferme. Chacun avance à son rythme. Le quatrième enfant pointe le bout de son nez. Les années passent. La vie à la ferme a repris son cours. Point final ? Non... À chaque fois que le tonnerre gronde en pleine nuit, le père exige que tout le monde se lève et se tienne prêt à partir. Il est sur le qui-vive et mieux vaut ne pas le contrarier. Il fait des va-et-vient de la maison à l'écurie pour contrôler si tout va bien. La mère regarde par la fenêtre et rassure, du mieux qu'elle le peut, ses enfants. Elle est inquiète car elle ne sait pas si elle supporterait de revivre une telle catastrophe. Elle a eu énormément de courage à l'époque. Elle ne sait pas si elle arriverait à supporter un choc identique une seconde fois.

Et les enfants, à quoi pensent-ils à ce moment précis ? L'aîné sait qu'il va devenir pompier lorsqu'il sera en âge de le faire. De cette manière, il pourra probablement empêcher une catastrophe telle que celle qu'il a vécue. Il se montre brave face au feu et face à ses frères et sœur. Il veut protéger les plus petits et les plus faibles. C'est important pour lui et il sait que, plus tard, il sera un soutien pour ceux qui en ont besoin. Il a déjà cette envie profonde d'aide.

Le second de la fratrie se sent tétanisé en entendant

le tonnerre gronder. Il a peur et retient ses larmes à chaque fois. Il repense à son doudou, ce confident qu'il n'a pas pu sauver des flammes. Il se sent incapable de réagir et son corps se crispe durant de longues minutes.

Le troisième enfant observe les plus grands. Le feu, c'est un sujet sensible à la maison. Il ne se souvient pas quand la ferme a brûlé. Il était trop petit. Pourtant, il n'aime pas quand le tonnerre gronde. Voilà quelque chose qui réveille tant de mauvais souvenirs dans la famille. Mieux vaut rester tranquille et ne pas broncher. Alors, il attend patiemment que ça passe. Il s'efface face au feu et face aux pensées bizarres qui lui traversent l'esprit.

Le petit quatrième fait le guignol pour distraire sa mère et le reste de la famille. Il essaie de détendre l'atmosphère nerveusement épuisante. Il ne sait pas vraiment pourquoi, mais cette situation lui est aussi pesante. Pourtant, il n'était pas né quand la ferme a brûlé. Le soir, avant de se coucher, il a une sorte de rituel. Il va toujours regarder le ciel pour savoir si l'orage va éclater ou non.

À travers cet exemple, on entrevoit des traumatismes liés à cet incendie. L'inquiétude resurgit à chaque fois que l'orage éclate, ravivant des blessures encore à fleur de peau. La souffrance réapparaît presque instantanément et les voici tous propulsés dans des émotions douloureuses face à un événement du passé. Ce cataclysme, nous ne pouvons pas le changer mais en revanche, nous pouvons changer la manière de le voir et surtout de le ressentir. Quel est l'intérêt de toujours revivre ces mêmes souffrances à chaque orage, à chaque évocation d'un ou de cet incendie ? Il y a une expérience à comprendre, à considérer et à approfondir pour libérer ce traumatisme.

Il y a tant de mémoires à nettoyer. Elles concernent les relations familiales, professionnelles, au sein de groupes associatifs, dans un quartier, dans un pays. Elles ne sont pas toujours issues d'un traumatisme dit « extraordinaire » mais il y a lieu de s'en occuper pour sortir de son enfermement, « l'enfer me ment »[4].

LE TRAVAIL DE NETTOYAGE... DE LA VIE INTRA-UTÉRINE

Le temps passé dans le ventre de notre mère est également source de mémoires. Elles peuvent être très agréables et nostalgiques de ce moment où nous nous sentions protégés, attendus, aimés, accueillis avec bonheur par toute la famille. Mais le ventre de notre mère peut aussi être un souvenir douloureux dans notre inconscient. Le fœtus est une véritable éponge et ressent toutes les émotions de sa mère. Il est aisé de comprendre que ce berceau, où l'enfant se forme et grandit, ne soit pas toujours très confortable.

---

4 Langue des oiseaux.

En reprenant l'exemple de tout à l'heure, le quatrième enfant de la fratrie a emmagasiné le choc vécu par sa mère dans son tout petit corps. Ce choc a aujourd'hui encore des répercussions sur son comportement et ses ressentis.

Prenons d'autres exemples : la maman ou les parents ne désirent peut-être pas cet enfant parce qu'il arrive trop tôt ou trop tard, parce que le couple rencontre des incertitudes face à son futur, des difficultés financières, la maladie, la violence, parce que la région dans laquelle ils vivent connaît des conflits, la guerre, un désastre naturel. Cette période peut aussi être entachée par le décès d'un proche de la famille engendrant une tristesse profonde, du désarroi, de la colère, des peurs, chez la maman et son entourage. Cet enfant peut aussi être le résultat d'un abus sexuel et de tous les traumatismes qui vont avec. Il est aussi possible que cette grossesse arrive après le départ prématuré d'un autre enfant dans le sein de sa mère avec une maman encore fragile et inquiète pour ce bébé qui va arriver.

L'impact de ces situations n'est pas négligeable et a des répercussions sur la vie du futur enfant. Il est important de ne pas se sentir coupables en tant que parents, face à ces nombreux exemples. N'oublions pas que l'âme de ce futur enfant a choisi les meilleurs parents pour son expérimentation terrestre et que l'enseignement qui en ressortira a été « validé » avant l'incarnation. L'important est donc de s'en occuper pour avancer de la manière la plus apaisée possible.

LE TRAVAIL DE NETTOYAGE... DES HÉRITAGES ÉMOTIONNELS

Tout comme nous ressemblons physiquement à notre père ou davantage à notre mère, nous héritons de nos ancêtres un bagage émotionnel. Ce qui est positif et bon pour nous, nous le gardons dans notre cœur, comme un joli cadeau. Pour le reste, il faut également déposer les fardeaux que nous avons, de manière inconsciente bien sûr, accepté de prendre à notre compte.

En reprenant l'exemple de la famille touchée par l'incendie de sa ferme, que peut-il se passer peut-être quelques générations après ? Le père, très touché par cette catastrophe, est resté dans cette peur puisqu'il exigeait que toute la famille soit prête à quitter la maison à chaque nouvel orage. Sa sensibilité était exacerbée et il ne fallait pas le contrarier. C'est comme si ce père était devenu propriétaire d'une valise contenant sa peur et son ressentiment d'injustice face à cet événement douloureux. Il n'a jamais pu se débarrasser de cette douleur restée vive pour lui. Dans cet état de souffrance, le deuil n'a pas pu se faire. Sans vouloir nuire à personne, il a transmis cette valise à la génération suivante et principalement à son deuxième enfant. Celui-ci, de manière tout à fait inconsciente, a repris cette valise, histoire de soulager son père car cet enfant a senti le grand malaise qui subsistait. Le jour où il deviendra père, il transmettra, à son tour, ce bagage à son enfant qui, de manière inconsciente, l'acceptera également pour soulager son père. Lorsque cet enfant grandira, il avancera tant bien que mal avec ce fardeau appartenant à son grand-père. Ce petit-fils ne saura pas quoi faire de ce bagage qui ne le concerne pas. Et pour lui, quelles seront les conséquences ? Il aura peut-être des réactions inadéquates et des peurs injustifiées face à des situations banales. Il ne supportera pas de voir quelqu'un jouer avec le feu ou un briquet et réagira de manière disproportionnée. Il se mettra probablement en colère. Un sentiment d'injustice naîtra en lui car il ne se sentira pas compris par son entourage qui considérera cela comme une petite chose sans grande importance. Il ne pourra pas expliquer ce qu'il ressent et pourquoi il réagit ainsi. Il se trouvera certainement démuni face à ses réactions disproportionnées, ce qui est bien normal, puisqu'il n'est pas le propriétaire de ce bagage émotionnel. Il lui sera difficile de gérer ses réactions et ses émotions lesquelles généreront des maladies conséquentes liées à ce vieux traumatisme non résolu par son aïeul.

Admettons que quelqu'un nous demande de résoudre un simple problème de mathématiques mais que nous ne soyons pas en possession de l'énoncé du problème. Aussi intelligents que nous soyons, nous pourrions passer notre vie à essayer de trouver la bonne réponse. Le petit-fils se retrouve avec un fardeau émotionnel appartenant à son grand-père et celui-ci tient dans ses mains une clé correspondant à la serrure de cette fameuse valise dont il n'est plus en possession ! Personne n'est gagnant, mais comment résoudre ce fameux souci ? En redonnant symboliquement à l'Univers le fardeau du grand-père et son contenu. De cette manière, l'Univers se charge de faire la répartition et la transformation pour que les liens toxiques deviennent inexistants. En redonnant à l'Univers ce qui ne nous appartient pas, nous nous libérons de ces fardeaux et la légèreté peut s'installer en nous. Chacun devient gagnant et c'est juste pour tous, autant pour les générations en amont que pour celles qui nous succèdent ! *Étant donné qu'un traumatisme peut se transmettre de génération en génération, le processus devient similaire pour la guérison. Il est donc possible de libérer et de guérir (gai-rire) !*

LE TRAVAIL DE NETTOYAGE... DES VIES PASSÉES

L'être spirituel que nous sommes a déjà vécu un certain nombre de vies. Nous revenons sur Terre avec des situations à régler, des expériences à poursuivre. Notre esprit ignore tout de ces vies passées, mais notre cœur sait.

Reprenons l'exemple de l'agriculteur rempli de colère et avec un sentiment d'injustice face aux événements. Admettons que cet homme ne réussisse pas à « faire la paix » avec cette épreuve avant de quitter cette Terre. Lors de la prochaine incarnation, nous pouvons imaginer qu'il reviendra avec cette colère perceptible dès les premières heures de sa vie. Les situations qui se présenteront à lui l'amèneront à choisir entre nourrir sa colère ou apprendre à lâcher-prise ce qui lui permettrait d'apprivoiser ou de s'approcher de la paix. Il parviendra probablement à faire un bout de chemin dans ce sens, mais il pourrait aussi rester « bloqué » dans cette situation durant plusieurs vies.

L'important est de s'atteler à la tâche car c'est en forgeant que l'on devient forgeron ! Il en va de même pour les résidus des incarnations précédentes. N'oublions pas que notre histoire est inscrite dans notre ADN mais aussi celle de l'humanité et de l'univers.

En tant qu'être spirituel incarné dans un corps humain, nous avons le libre-arbitre de nos choix de vie et le niveau de conscience varie chez chacun en fonction de l'état d'ouverture et d'avancement spirituels. Il sera probablement nécessaire pour cet agriculteur d'expérimenter maintes fois le même genre de situations avant de prendre le chemin qui le conduira vers cette paix tant souhaitée par son âme.

LE TRAVAIL DE NETTOYAGE... DE L'ÂME

Notre âme vit une quantité d'expériences terrestres mais aussi célestes. Elle est comme un diamant brut dont il faut polir les faces pour que se révèle toute sa splendeur. C'est un travail de longue haleine.

Si nous observons notre diamant brut, certaines faces sont lumineuses et rayonnent de toute leur magnificence. D'autres sont dans l'ombre et peut-être que certaines se trouvent dans l'obscurité. C'est ainsi et nous ne serions pas sur cette Terre si notre âme n'était que lumière.

L'âme, en libérant les vieilles énergies, les blessures, les croyances, les limitations, permet à la lumière de l'éclairer davantage. Ce mécanisme permet à l'âme de s'élever à un niveau spirituel supérieur. Le travail de libération consiste à peaufiner ce diamant brut. L'âme peut ainsi accroître ses vibrations en fusionnant les faces de ce magnifique diamant.

Souvenons-nous : la Source est UN et nous sommes UN avec la Source. L'âme, avec sa propre fréquence vibratoire divine, est en constante relation avec la Source qui se réjouit de l'évolution de celle-ci.

EN PRATIQUE, COMMENT SE PASSENT LES DIFFÉRENTS NETTOYAGES ?

Hippocrate disait : « *Avant de guérir quelqu'un, demandez-lui s'il est prêt à abandonner les choses qui le rendent malade.* »

Ceci est une condition primordiale et indispensable pour celui qui désire se débarrasser de ses « fardeaux ». Il faut avoir une envie profonde d'avancer dans sa vie et cette envie ne peut venir que de nous.

Personne ne peut faire ce cheminement à notre place. Et un jour arrive où nous nous sentons prêts à faire ce premier pas.

Rien ne sert de précipiter les choses... C'est parfois le souhait de l'entourage de voir son proche aller mieux. Si celui-ci prend rendez-vous parce qu'on le lui a fortement suggéré alors qu'il n'est pas prêt, qu'en sera-t-il du résultat ?

Symboliquement, si vous offrez un verre d'eau à ce proche, en lui disant que vous pouvez l'aider pour autant qu'il accepte de boire le contenu, que se passera-t-il si celui-ci refuse de prendre le verre dans ses mains et de boire cette eau ? Rien ! Personne ne peut contraindre quelqu'un à boire sans son consentement. En l'obligeant et en lui ouvrant la bouche de force, soit il vous crachera le contenu à la figure, soit il s'étranglera. Il est impératif de faire les choses pour son cœur et pas à contrecœur.

Une participation active est indispensable pour mettre en action nos propres forces d'auto-guérison. Ainsi le travail peut vraiment commencer.

En ce qui concerne les enfants en bas âge, ce sont les parents (la mère et/ou le père) qui font cette demande pour leur enfant, celui-ci étant sous leur responsabilité et c'est juste comme ça.

Dès que l'enfant est en âge de comprendre, il est important, tout comme pour l'adulte, que l'enfant donne son accord sur le principe afin d'établir une collaboration active et une relation de confiance.

Le travail du thérapeute consiste à se relier à la personne venue en soins. Il l'écoute, l'accompagne, l'encourage et la guide dans un voyage particulier où il pourra lui proposer de se délester des vieux schémas, des vieilles mémoires. Rien ne doit être forcé mais tout doit être proposé et validé par la personne qui demande d'aller mieux dans sa vie.

Ce voyage permet de voir certains paramètres de son existence, d'accueillir les émotions, les peurs liées tout en les laissant s'en aller. Il s'agit aussi de respecter le rythme de chacun et d'accepter que la souffrance engendrée s'en aille progressivement. Imaginons quelqu'un portant un fardeau de 150 kg sur ses épaules depuis toujours. Il est certainement préférable qu'elle s'allège progressivement de ses kilos à chaque séance, ce qui lui permettra de s'adapter en douceur à la nouveauté. Se délester brutalement de 150 kg pourrait s'avérer très déstabilisant. N'oublions pas que cela entraîne des réactions physiques car le corps, en s'allégeant, se transforme énergétiquement pour aller vers toujours plus d'harmonie et d'équilibre.

Se délester de ses fardeaux dans un soin, c'est parfois se retrouver « spectateur » de sa propre vie. C'est aussi voir sa propre souffrance avec du recul, mais également celle d'un proche par exemple. Lorsqu'un événement douloureux apparaît comme si nous regardions un film à la télévision, il est important d'y mettre beaucoup de bienveillance pour tous car nous ne sommes pas au tribunal où nous réglerions nos comptes. Cette prise de conscience offre la possibilité de laisser s'en aller le fardeau, les douleurs, les émotions liées au passé. Il ne s'agit en aucun cas de renier ce fameux passé. C'est aussi grâce à lui que l'être spirituel que nous sommes a pu expérimenter dans la matière ce qui nous a fait souffrir, réellement souffrir, mais aujourd'hui nous pouvons probablement lâcher cette douleur et vivre plus sereinement.

Nous ne sommes donc pas au tribunal et ne cherchons pas à savoir qui a tort ou raison. Peu importe dans ce cas. Symboliquement, durant le soin, il est important de pouvoir redonner la souffrance ressentie à l'Univers (la Source) pour qu'il la transforme en lumière, en amour inconditionnel et qu'il se charge, si cela est nécessaire, de répartir ou redonner à qui de droit ce qui lui appartient. Ce choix-là est celui de l'Univers et pas le nôtre. La personne en soin s'occupe d'elle et de sa propre part de responsabilité dans la relation.

Les cinq exemples ci-dessous ne représentent que quelques probabilités parmi tant d'autres.

Exemple lié à un événement de cette vie-ci : un homme âgé aujourd'hui de cinquante ans, que nous appellerons Achille, désire pouvoir régler un problème relationnel avec son chef de service. Durant son enfance, Achille a été le souffre-douleur de quelques camarades de classe parce qu'il avait un problème de vue qui le rendait plus lent, maladroit dans ses mouvements. Achille était régulièrement brimé et son enseignant – au courant des agissements des autres camarades – laissait faire et n'intervenait pas. Achille s'est senti rejeté par ses camarades de classe. Il n'a pas pu voir son potentiel et ses valeurs car l'enseignant n'a pas joué son rôle de médiateur et prenait en plus un malin plaisir à mettre Achille dans des situations très inconfortables par rapport à ses soucis de vue. Achille a grandi, il est devenu comptable. Se sentant « différent » et surtout manquant de confiance en lui, il est plutôt introverti, déteste la vie en groupe, a quelques difficultés à s'exprimer face à un supérieur. Cela lui pose des problèmes tous les jours dans son environnement professionnel car il se retrouve face à un chef de service lui rappelant étrangement le passé douloureux des premières années d'école. Mais ce qui le blesse par-dessus tout, c'est le comportement inadéquat de son enseignant de l'époque... celui qui prenait un malin plaisir à le dénigrer devant la classe en faisant des remarques inappropriées. Dans ce cas-là, le chef de service est le révélateur de la blessure ancienne et comme cette blessure ne s'est jamais refermée, elle devient très douloureuse à chaque fois que le supérieur fait une petite réflexion à Achille. En prenant la situation de manière détachée, les nombreuses petites remarques faites par le chef de service sont, la plupart du temps, adéquates à la situation. Pourtant Achille réagit de manière disproportionnée et se positionne comme une « victime » du système. Pourquoi ? Parce qu'il se retrouve dans une situation lui rappelant étrangement celle vécue dans l'enfance. Ressentant un grand sentiment d'injustice et n'ayant pas eu la possibilité d'exprimer sa souffrance, cette situation est restée à l'état de « plaie ». Cette plaie non soignée reste douloureuse et chaque fois qu'on appuie dessus, ça fait mal. Il y a donc lieu de s'occuper de cette blessure, symboliquement de la désinfecter, de mettre du baume pour la soigner afin qu'elle puisse guérir. Après la guérison, il restera peut-être une cicatrice mais celle-ci pourra être vue sans faire souffrir. Elle sera là comme un souvenir avec une émotion « neutre ». Et là, c'est gagné !

Dans le voyage particulier d'un soin, nous entrons en « visualisation » en créant un espace « hors du temps ». Cet espace est protégé, agréable, ajusté à ses besoins. Il permet de voir des choses, de prendre soin de soi.

Nous allons nous intéresser à ce petit garçon fragile de l'époque et prendre en considération cette souffrance. Nous allons inviter le petit Achille à se présenter à nous et nous allons l'encourager à lâcher cette très vieille souffrance. Nous allons prendre soin de lui, en lui apportant toute la bienveillance dont il aurait eu besoin à l'époque. Le grand Achille va entourer le petit Achille et lui dire comme il sait que c'était difficile pour lui à cette époque. Un dialogue va s'engager entre le petit et le grand Achille et ce dernier sera invité à apporter toute son affection, tout son amour et sa reconnaissance au petit qu'il était pour lui permettre de soigner la plaie encore béante. Grand Achille va donner toute sa confiance à ce petit garçon qu'il était, il va l'entourer, le dorloter, le faire rire si besoin, lui dire comme il est fier de lui, de son parcours malgré les embûches. En prenant soin de lui, petit Achille va pouvoir lâcher sa colère, sa tristesse, son incompréhension de l'époque. Parallèlement, nous allons symboliquement inviter l'enseignant concerné à nous rejoindre pour écouter avec nous les réactions du petit et du grand Achille à sa vue. Nous le remercions de se présenter à nous et lui demandons d'écouter ce que nous avons à lui dire en précisant que nous ne sommes pas au tribunal. Nous spécifions que cette démarche est importante pour Achille qui est en train de prendre soin de lui sur un chemin de guérison. Achille est donc invité à exprimer à l'enseignant ce qui a été difficile, blessant pour lui en utilisant le « je » : « Je me suis senti profondément blessé car je n'ai jamais eu de soutien de votre part lorsque mes camarades de classe me brimaient. J'ai perdu confiance car vous représentiez l'autorité et en tant que petit garçon, je pensais que ce qui m'arrivait n'était pas juste. Je ne me suis pas senti épaulé, respecté. Cela a été une grande souffrance pour moi et je la porte encore aujourd'hui. Je suis là pour prendre soin de moi et il est important que vous puissiez entendre et voir ce que j'ai supporté pendant toutes ces années. » Durant ce tête-à-tête, Achille est invité à déposer ses paroles et toute la souffrance qui va avec (colère, tristesse, ressentiment), dans un « panier » très lumineux posé entre lui et l'enseignant.

Dans un premier temps et lorsque le récit des ressentis est terminé, nous observons de quelle manière Achille se sent maintenant.

Dans un deuxième temps, nous nous occupons du contenu du panier. Comment se présente-t-il maintenant ? Est-il grand, petit, très volumineux, lourd, léger ? Le contenu est-il « collant », rebutant, limpide, opaque ? Achille pourrait-il porter facilement cette corbeille et son contenu ? Il est intéressant de constater sous quelle forme se présente ce panier et son contenu car cela permet de prendre conscience de ce que nous portons peut-être depuis longtemps.

Dans un troisième temps, Achille est invité à confier à l'Univers ce panier très lumineux, dans lequel repose sa souffrance, en lui demandant de s'en occuper et de le transformer en lumière.

Dans un quatrième temps, nous remercions la personne qui s'est présentée à nous aujourd'hui dans cet espace « hors du temps ». Sa présence a permis de mieux « visualiser » la situation et nous le laissons s'en aller et vaquer à ses occupations.

Nous demandons à l'Univers de bien vouloir dissoudre tous les nœuds au niveau de l'âme afin de retrouver la liberté, en harmonie avec le plan divin d'Achille, qu'il s'agisse de cette vie-ci, d'une vie passée, parallèle ou future, sur tous les plans.

Le temps suivant, Achille peut avoir différents ressentis comme celui de l'espace retrouvé, de la légèreté, du soulagement, de la joie, de la sérénité, de la paix, de l'estime de soi, la confiance retrouvée. Achille peut donc accueillir cette ou ces sensations nouvelles dans son corps.

En ce qui concerne les camarades de classe qui ont brimé Achille, il y aura peut-être aussi un travail de nettoyage à faire. Il est possible d'intégrer les camarades dans le soin en leur demandant de venir voir la souffrance d'Achille.

Ceci est un exemple et le travail est le même que l'enseignant soit encore de ce monde ou pas.

Exemple lié à la vie intra-utérine : une femme de trente ans, que nous appellerons Anne, désire fortement un enfant mais ne se sent pas prête pour l'accueillir et être « une bonne mère ». Elle a peur et ne comprend pas pourquoi car rien ne justifie son désarroi. Elle a un compagnon aimant, une situation stable, et pourtant quelque chose de très fort la retient. Son parcours ressemble à tant d'autres. Elle est la benjamine d'une fratrie de quatre sœurs et veut toujours faire plaisir à tout le monde. C'est sa manière d'exister, en répandant autour d'elle de la joie et des rires.

En entrant en visualisation, nous créons ce lieu particulier où l'on est entouré et protégé. Anne est invitée à s'imaginer dans le ventre de sa mère. Comment y est-elle ? « C'est un peu tendu et pas très confortable » dira Anne. « Mais en même temps, ma mère a déjà tellement de travail avec mes trois sœurs et elle vient de perdre son père d'un accident de travail, ce qui la rend très triste. » Anne se sent seule dans ce ventre... comme si sa famille ne s'intéressait pas plus que ça à cet enfant qui va arriver. Pourtant, Anne est déjà là. Elle a envie de bouger pour dire qu'elle existe mais elle préfère ne pas déranger. C'est tellement mouvementé à l'extérieur. Elle se sent un peu « abandonnée » et se demande ce que lui réservera l'avenir.

Nous nous projetons au moment de la naissance. Que ressent-elle ? Anne se sent paniquée, seule et à ce moment-là, elle réalise qu'elle n'existe pas vraiment aux yeux de sa mère. Celle-ci est déçue car c'est encore une fille... Elle sent aussi que son père désirait tant un garçon. Pourtant, quand il la regarde, il craque instantanément en voyant son joli minois et se dit qu'une tribu de « petites nanas », ce sera vraiment sympa. Anne est tout de même étonnée de voir sa mère si fatiguée. Certes la grossesse a été mouvementée avec le départ de son grand-père et l'accouchement a été compliqué. Il a fallu accélérer les choses car Anne était en souffrance dans le ventre de sa mère. Son cœur montrait des signes de fatigue, et c'est à l'aide de la ventouse qu'Anne a fait son arrivée sur Terre. La maman regarde à peine cette petite fille. Anne se sent de trop à cet instant. Elle réalise que sa venue n'était pas envisagée de cette manière. D'ailleurs, sa mère ne voulait plus d'autres enfants. C'est son mari qui désirait tant un garçon. Et là, c'est « encore » une fille. La déception se lit sur le visage de cette maman. Anne comprend qu'elle devra « conquérir » le cœur de sa mère et pour cela, il faudra qu'elle use de stratégies fines. À partir de là, Anne sera une enfant discrète, qu'on entend à peine. Sa mère dira souvent d'elle : « On ne l'entendait pas, elle était toujours tranquille et souriante. Elle attendait qu'on s'occupe d'elle et elle est devenue notre rayon de soleil dans la maison avec ses rires et sa bonne humeur. »

Anne réalise quelle énergie elle a dû mettre en œuvre pour se faire accepter et aimer par sa mère. Elle ne veut pas reproduire ce schéma familial. Elle souhaite un enfant mais pas question d'espérer plutôt un garçon qu'une fille ou inversement. Elle réalise que son compagnon souhaite ardemment un garçon pour la transmission des traditions familiales qui sont très importantes dans sa famille. Il y a donc lieu de rediscuter avec lui de ce qu'ils veulent vraiment en parlant d'enfants à venir. Peut-être que son compagnon pourra se positionner aisément par rapport à sa propre famille – en évoquant la transmission des valeurs familiales – par le biais des filles également. Si son compagnon peut exprimer clairement son envie d'avoir un enfant et peu importe le sexe de celui-ci, le stress – la peur de ne pas être une bonne mère –, ressenti inconsciemment chez Anne, va fondre comme neige au soleil. Anne saura qu'elle peut accueillir un enfant dans de bonnes conditions et qu'elle pourra être une bonne mère pour celui-ci.

Durant le soin, il y a lieu de voir la tristesse provoquée par le départ subit de ce grand-papa ainsi que la fatigue de la mère d'Anne. C'est légitime et important de le sentir. Ceci explique en partie pourquoi cette maman avait du mal à voir sa fille et à se réjouir de son arrivée, la maman étant encore prise dans sa douleur. Par contre, le fait que la maman ne désirait pas un quatrième enfant et sa déception d'avoir « encore une fille » correspond à la part de responsabilité de la maman dans la relation. Le lien mère-fille n'a pas été « spontané » et Anne ne s'est pas sentie désirée dans le ventre de sa mère et pas vraiment accueillie à son arrivée, comme tout un chacun peut l'espérer. Anne aura dû y mettre du sien pour trouver sa place dans le cœur de sa mère ce qui a engendré une souffrance inconsciente mais bien réelle pour elle.

Redonner sa souffrance à l'Univers pour qu'il la transforme en lumière autorise Anne à légitimer sa propre existence. Anne est invitée à prendre dans ses bras la petite Anne au moment de sa naissance et à l'entourer d'amour, à lui montrer comme elle est importante à ses yeux, à la chouchouter, à lui murmurer des mots doux à son oreille pour qu'elle se sente exister. Ce moment-là va soigner la plaie « inconsciente » d'Anne et ainsi elle pourra à son tour accueillir un enfant dans la joie. Anne n'aura plus besoin d'en faire dix fois plus que les autres pour se sentir exister aux yeux de ceux qui lui sont chers.

Exemple lié aux héritages émotionnels : une femme que nous appellerons Ambre est remplie d'une grande tristesse qui, quand elle y pense, l'accompagne depuis toujours. Elle ne sait pas d'où elle vient, ne sait pas quoi en faire et surtout pas comment s'en « débarrasser ». Lorsqu'elle évoque son histoire familiale, il apparaît qu'une de ses tantes est décédée en bas âge, comme c'était souvent le cas à l'époque. Cette tante, elle ne l'a pas connue, en a à peine entendu parler occasionnellement. Elle ignore son prénom et la cause de son décès. Elle sait juste qu'elle était petite et que sa propre mère était à peine de ce monde lorsque c'est arrivé. Le seul fait d'évoquer ce drame familial lui donne la chair de poule et elle sent sa gorge se serrer. Pourtant, elle ne l'a pas connue et ce drame remonte à tant d'années.

En entrant en visualisation, nous créons un espace de protection. Ambre est conviée à inviter sa grand-mère qui n'est plus de ce monde. Il est intéressant de considérer de quelle manière la grand-mère se présente à nous aujourd'hui. Est-elle apaisée, en colère, triste, heureuse ? Ambre relève qu'elle voit sa grand-mère courbée comme si elle portait un énorme fardeau rempli de la tristesse d'avoir perdu un enfant. Elle en est étonnée car, lorsque sa grand-mère était encore de ce monde, elle la voyait plutôt comme quelqu'un de réservé et introverti. En réalité, elle était remplie de tristesse et Ambre commence à comprendre qu'elle se sent comme cette grand-mère. Cela la touche énormément. Les larmes coulent et Ambre comprend enfin pourquoi elle est si triste depuis toujours. Elle porte la tristesse de sa grand-mère. Par loyauté, elle a accepté de reprendre à son compte ce fardeau. Elle l'a accepté de manière inconsciente pour soulager cette famille dans ce deuil non fait. Ambre est invitée à laisser couler les larmes qui arrivent ainsi que la tristesse qui les cause. Elles sont déposées dans un panier entre la petite-fille et sa grand-mère. Lorsqu'Ambre s'apaise, elle peut observer le contenu du panier et voir ce que représente le fait de porter ce drame en elle.

Nous invitons également cette tante partie bien trop tôt à venir rejoindre sa mère et Ambre à observer les émotions qui arrivent. Ambre se sent très fatiguée lorsque sa tante se présente. Il est important d'accueillir ce qui vient sans chercher à analyser mentalement le pourquoi du comment. C'est au niveau du cœur et du corps que nous nous concentrons.

Nous remercions cette grand-mère et cette tante d'être présentes aujourd'hui pour aider Ambre à aller mieux dans sa vie. Il y a lieu de redonner sa place à cette petite fille partie bien trop tôt car elle fait partie intégrante de la famille. Elle a eu une importance capitale dans le système familial et a influencé fortement le vécu de chacun de ses membres, même si son parcours sur la terre a été bref. Le fait de la reconnaître comme partie intégrante du système autorise toute la famille à voir sa brève existence avec les joies et les peines que cela comporte, et pas seulement en focalisant sur le moment de son décès. Sa famille a certainement éprouvé tellement de bonheur au moment de sa venue. Elle a été aimée, elle a fait rire le clan familial, a été appréciée pour sa douceur, son rire enjôleur, ses mimiques et son caractère parfois capricieux.

Nous invitons le clan familial à observer que cette petite fille pouvait être vue aussi dans la joie, pas seulement dans la souffrance qui a suivi son départ terrestre. La vie d'un être humain ne se résume pas à un événement, aussi dramatique soit-il !

Cette petite fille peut se sentir « réhabilitée » au sein du clan familial et c'est bénéfique pour tous. Cela soulage instantanément Ambre et sa famille. La grande fatigue ressentie par Ambre s'estompe gentiment.

Ambre comprend que sa grand-mère n'a pas réussi à rebondir après le décès de sa fille et qu'elle est restée en état de survie jusqu'à la fin de ses jours. Elle peut le ressentir en la voyant et perçoit comme cela a été difficile pour tous.

Ambre est invitée à confier à l'Univers le panier très lumineux dans lequel toute la souffrance de la famille aura été déposée. Il n'y a pas lieu de juger, juste constater ce qui s'est passé. L'Univers sait transformer en amour inconditionnel et réparer ce qui a besoin de l'être.

Chaque membre de la famille est remercié pour sa présence durant le soin. Au moment où tout le monde repart vers son destin, Ambre sent le soulagement, la légèreté, la joie et l'envie de vivre revenir en elle. Elle va s'imprégner de tout cela et savourer ce moment de « libération » pour elle mais aussi pour tous.

Lorsque nous travaillons les drames familiaux, c'est bénéfique pour celui qui désire aller mieux dans sa vie, mais aussi pour les ancêtres et pour les générations à venir qui n'auront pas à récupérer ces vieux fardeaux.

Gardons bien en mémoire que puisque les traumatismes se transmettent de génération en génération, il en va de même pour la guérison.

Exemple lié à une vie passée : un homme, Alex, d'une trentaine d'années, plutôt sportif, en parfaite santé et relativement bien installé dans sa vie, vient en soin en parlant de sa peur de souffrir, de sa peur de la maladie. Ses peurs prennent des proportions irrationnelles dès qu'il voit un peu de sang, par exemple. Il sait au fond de lui que tout va bien, mais il ne peut pas s'empêcher de faire des scénarios catastrophes à tout moment et se sent « piégé » dans cette souffrance. Cela l'agace profondément et l'empêche d'avancer dans la vie comme il le souhaiterait.

En entrant en visualisation dans l'espace adéquat créé spécialement pour lui, Alex est invité à imaginer un grand écran de télévision devant lui. En allumant cet écran, nous invitons ses peurs à se présenter à nous. Dans un premier temps, Alex bloque et ne voit rien sur cet écran. C'est assez compréhensible en soi quand on angoisse. Mais à ce moment, le thérapeute intervient pour exprimer ce qu'il ressent et voit : « J'ai l'impression de me trouver sur un champ de bataille. J'arrive là et ne comprends pas ce qui s'est passé. Je vois des personnes à terre. Certaines sont en train d'agoniser, d'autres sont déjà mortes. Je sens mon incapacité à les aider et ça me rend en même temps tellement triste et en colère. » À ce moment-là, Alex dit que, depuis sa jeunesse, il fait un cauchemar récurrent qui ressemble étrangement à la description qui vient d'être faite. Alex est alors invité à accueillir les ressentis liés à ce cauchemar. Les émotions liées à cet événement peuvent s'exprimer et être évacuées. Alex va alors ressentir de quoi aurait besoin la personne qui est sur ce terrain dévasté par la guerre pour aller mieux et ainsi pouvoir exprimer et prendre soin de cet homme en plein désarroi. Il va lui apporter réconfort et soutien en lui disant qu'il n'est pas responsable de ce qui arrive et qu'il n'a pas à souffrir avec les soldats agonisant devant lui. Il ne peut malheureusement rien faire pour eux car l'époque dans laquelle se passe cet événement tragique n'offre que très peu de possibilité d'aide. Il est possible de voir le désarroi et la peur de cet homme face à son impuissance d'être d'une quelconque utilité. Cet homme, qu'il était dans une autre vie, a besoin de se reposer car il est tellement fatigué qu'il se sent faible et vulnérable. Alex va l'accompagner dans un endroit où il peut se sentir en sécurité. Il pourra ainsi reprendre des forces et sortir de ce traumatisme dans lequel il était enfermé. Au moment où la tranquillité s'installe, où la lumière, la chaleur remplissent Alex et cet homme d'autrefois, chacun peut alors reprendre le cours de sa vie, soulagé et confiant en ce qui est.

Le cauchemar d'Alex disparaîtra comme il était venu et la très grande partie des peurs qui allaient avec.

Exemple lié au travail de l'âme : une femme d'une quarantaine d'années, Aline, chez qui la spiritualité est un moteur pour évoluer et qui a une grande ouverture sur la vie désire être accompagnée dans un voyage qui la mènera où son âme le décide.

Le voyage commence par la mise en place d'un espace privilégié et protégé comme pour tout un chacun et nous nous laissons emmener en toute confiance là où l'Univers le décide. Nous nous sentons aspirées dans l'univers et arrivons dans un espace très lumineux. La lumière est intense mais ne brûle pas. Elle est pure et douce. Cet endroit est calme, habité et pourtant nous ne voyons personne. Il ressemble à une immense cathédrale de cristal. Tout est beauté, intensité, espace, chaleur, intelligence, sensible et fort à la fois. Nous déambulons dans cet espace en toute confiance à la découverte de ce qui est là. Les sensations dans le corps sont fortes et tellement enveloppantes. Un autel très lumineux apparaît et nous nous en approchons. Un livre y est posé et brille de mille feux. Il est tout à la fois accessible et impressionnant. Il s'ouvre devant nous et nous nous sentons comme dans un cocon d'amour inconditionnel. Il n'y a rien à faire, juste à être et à se laisser porter par ce qui est : être un avec le Tout. Un enseignement est transmis de manière subtile, respectueuse et avec tellement d'amour. Cet enseignement est donné car l'âme est prête pour cela. Les mots manquent pour décrire ce qui se passe et ce qui est ressenti. Il faut juste accueillir ce qui est en toute confiance et sans se soucier de ce que cela représente. Puis l'intensité de la lumière s'estompe quelque peu et il est temps de revenir sur cette planète pour poursuivre son chemin terrestre. Aline se souviendra d'une phrase entendue ou notée quelque part dans la cathédrale. Elle se souviendra d'y avoir vu un guide puissant lui transmettant un savoir ou l'encourageant à poursuivre son expérience terrestre de telle manière. La bienveillance est extraordinaire et la liberté d'être qui nous sommes vraiment l'est tout autant. Le retour se fait en douceur pour reprendre son chemin de vie dans l'ici et maintenant terrestre. La paix intérieure et la connexion à qui nous sommes vraiment sera amplifiée et apportera réconfort à Aline.

QUE SE PASSE-T-IL AU NIVEAU PHYSIQUE DURANT UN SOIN ?

Pour le soin en lui-même, la personne s'installe sur une table de massage. Elle reste habillée et est enveloppée dans une couverture pour être bien à l'aise. Elle est bercée par une douce musique dans une ambiance lumineuse agréable.

La personne est invitée à respirer profondément et à fermer les yeux, pour bien rester à l'écoute des sensations de son corps durant le « voyage » à venir. Les sensations ressenties peuvent être : de la chaleur, du froid, de la lourdeur, de la légèreté, une douleur diffuse qui va et qui vient, l'impression d'avoir de l'électricité qui circule dans le corps, l'impression de tomber de la table, un sentiment d'oppression, de l'espace qui se fait à l'intérieur du corps, le ventre qui gargouille, ou rien ! Mais ce n'est pas parce que la personne en soin ne ressent rien dans le corps qu'il ne se passe rien. Chacun est différent et les perceptions sont très personnelles. Pour ma part, je considère que les choses se passent telles qu'elles le doivent. Les réactions physiques varient avec autant de nuances de sensations que de personnes vivant sur cette Terre.

Lors du soin, je pose mes mains sur le corps de la personne et vois ce qui vient comme informations. Mes mains me guident là où c'est nécessaire et je reçois des informations sous forme de ressentis, d'images, de bouts de film, de mots ou phrases... Tout cela est à décoder et à retransmettre au plus juste et surtout, au plus près de ma conscience ! Le dialogue s'engage et nous libérons ce qui est prêt à s'en aller dans le moment présent car *tant que le vase est plein, rien ne peut entrer !*

En libérant les maux, nous créons de l'espace et pouvons accueillir la paix, la joie, l'équilibre, la confiance, la sérénité, l'amour, la tendresse, l'espoir, la créativité, la clarté.

Les transformations qui s'opèrent au niveau énergétique calment et soulagent le corps physique. Modifier la mémoire des cellules du corps permet ensuite de réaligner et renforcer ces mêmes cellules pour qu'elles retrouvent un aspect « original » tout en étant débarrassées des vieilles mémoires « paralysantes ».

Le thérapeute est un intermédiaire qui permet de faire le lien entre le monde spirituel et les humains. Il se met au service de ceux qui le souhaitent. L'énergie passe à travers son corps pour aller se déposer et faire son œuvre chez la personne en soin. Cela ne se voit pas mais se ressent.

Nous pourrions peut-être donner en exemple un tableau de maître représentant un paysage qui symboliserait notre vie mais aussi notre âme dans sa globalité. Certaines parties ont de magnifiques couleurs, il y règne l'harmonie et il fait bon y poser son regard. D'autres parties nous laissent percevoir la souffrance de cette vie-ci, de la vie intra-utérine, des héritages émotionnels et de l'âme. Lorsque nous sommes « tourmentés », ces parties du tableau sont plutôt sombres et en dissonance avec l'ensemble. Lors d'un soin, en nettoyant ce qui peut l'être, la noirceur se transforme en jolies couleurs dans ce tableau de maître. Ainsi nous créons un nouveau paysage du moment présent et nous avons une vision nouvelle de l'ensemble de la toile. Nous continuerons aussi à travailler sur les détails qui mettront cette œuvre davantage en valeur. Et nous passons notre vie à transformer ce tableau pour que les zones sombres s'estompent au fil du temps tout en faisant place à l'harmonie et à la lumière. Chacun doit créer son propre tableau de maître... Au fil des séances, les changements s'opèrent pour laisser éclater toute la lumière intérieure de notre âme.

Les mémoires sont transformées, transmutées ou nettoyées puisque c'est la demande profonde de celui qui vient me consulter.

Prenons l'exemple d'une personne remplie de colère depuis son arrivée sur Terre. Cela peut venir de son âme, d'un héritage émotionnel et/ou de la vie intra-utérine. Il est très difficile pour elle de ressentir la paix car elle la perçoit au travers d'un rideau de colère et la sensation ressentie est « faussée » par celui-ci. Lorsque la colère s'en va, le rideau tombe et la paix peut enfin être ressentie et accueillie de manière « vraie » puisqu'il n'y a plus d'entrave. C'est toujours un moment magnifique durant le soin car la personne peut goûter cette sensation nouvelle et intégrer qu'il est possible de vivre cela ainsi. C'est libérateur et l'espoir renaît immédiatement.

Les sensations sont difficilement comparables d'une personne à l'autre. Chaque séance est unique comme chaque personne l'est ! Les observations faites par la personne venue en soin sont à son image et au reflet de ce qu'elle est. Cela se passe et c'est ainsi.

LES LIMITES D'UN SOIN

Je ne cherche pas à « maîtriser » quoi que ce soit. Il est important de n'être qu'au service de la personne en soin et au service des guides. Les guides ont une connaissance et une puissance extraordinaires et je leur fais totalement confiance. Si rien ne doit se passer durant le soin, je suis prête à l'accepter (cela arrive rarement). Être en harmonie avec le plan divin de la personne en recherche de guérison est primordial. Le thérapeute est l'accompagnateur de référence et rien ne doit venir contrecarrer le plan divin de celui qui vient en soin.

N'oublions pas que notre âme a souhaité expérimenter des réalités spirituelles dans cette incarnation et si nous « entravons » ses projets, nous ne résolvons rien et peut-être même que cela aura un impact négatif, d'où l'importance d'avoir l'aval et le désir profond de la personne en soin pour tous changements. Il y a des situations sur lesquelles nous avons prise et d'autres pas. Parfois, il faut aller au bout de l'expérimentation pour apprendre encore quelque chose.

Le thérapeute est au service de ce qui doit se passer pour la personne qui demande de l'aide. Il est l'outil qui lui permet de transformer ce qu'il convient de modifier au moment présent. Ainsi, c'est aller vers plus de confort, de joie, de confiance, de légèreté, de justesse, vers plus d'équilibre et d'harmonie en fonction de ce qu'il a été choisi de travailler dans cette incarnation. Cela permet également de pouvoir être libéré de toutes peurs, lourdeurs et douleurs n'ayant plus d'utilité ni de services à rendre dans la compréhension de ce que vit l'être en devenir. Ceci est juste et pour le thérapeute et pour la personne qui lui accorde sa confiance. L'intention du thérapeute est conséquente dans le sens où il met au service de l'autre les outils qui sont en sa possession, mais en fonction du souhait de ce que l'autre a choisi d'expérimenter et de vivre.

Prenons un exemple : votre corps est votre véhicule terrestre, donc votre voiture. Que diriez-vous si, sans votre consentement, quelqu'un s'occupait de nettoyer l'intérieur de cette voiture, changeait la hauteur du siège, enlevait les banquettes à l'arrière pour faire davantage de place dans le coffre, supprimait la radio et enlevait la pile de CD que vous transportez depuis toujours, mettait une odeur de lavande alors vous aimez l'odeur du citron ? Vous seriez certainement fâché et vous auriez absolument raison. Il s'agirait d'intrusion et de non respect de qui vous êtes et de votre vie privée. Ce qui est juste pour vous ne l'est pas forcément pour l'autre.

Vous seul pouvez déterminer ce qui vous convient vraiment... si vous voulez débarrasser la pile de CD, ou seulement quelques-uns ou aucun. Si votre véhicule est sale et que cela vous convient, si vous préférez une odeur citronnée, peu importe ce que l'autre en pense. C'est votre liberté.

Je refuse de travailler à distance sur quelqu'un qui n'en a pas émis le souhait. Ce serait comparable à entrer dans la voiture de l'autre et la « nettoyer » à la convenance du conjoint, par exemple. Je ne voudrais pas que cela m'arrive alors je ne me permets pas de faire « intrusion » chez l'autre sans son accord.

QUEL EST LE BON MOMENT POUR PRENDRE SOIN DE SOI ?

Le premier pas est souvent le plus difficile à faire. Prendre un premier rendez-vous n'est pas une action quelconque et cela demande courage et envie de changement profond. À partir du moment où vous sentez que quelque chose peut changer, se passer ou évoluer dans votre vie, c'est qu'il est temps de prendre soin de vous. En théorie, cela devrait se faire régulièrement, de la même manière que nous nettoyons notre voiture ou l'amenons au garage pour un service, que nous contrôlons que le moteur fonctionne correctement, changeons les pneus d'été pour ceux d'hiver quand le froid revient. Cela paraît logique et pourtant, nous reléguons souvent notre bien-être au second plan. Nous attendons que le corps « crie » pour l'écouter et enfin prendre soin de lui. Pourtant, y a-t-il quelque chose de plus important que de prendre soin de soi ? Non, rien n'est plus important car c'est s'offrir la possibilité de se sentir mieux dans son corps et dans sa tête. C'est un peu comme l'effet « domino », prendre bien soin de soi, permet de bien prendre soin de ses proches.

Si nous prenons l'exemple d'un couple partant en vacances et accompagné de ses trois enfants en bas âge, installés côte-à-côte dans un avion. Avant le décollage, les passagers reçoivent un petit enseignement théorique des bons gestes à effectuer en cas de problèmes durant le vol. Dans les instructions concernant le masque à oxygène qui pourrait tomber devant eux, il est prescrit de le mettre immédiatement et ensuite, d'aider son voisin si cela s'avère nécessaire. En tant que parents, nous aurions certainement le réflexe d'aider d'abord nos petits. Nous imaginons mal des enfants en bas âge se débrouiller et mettre ce masque tout seul.

Examinons les deux possibilités. Le premier « réflexe » : les parents commencent par mettre les masques à leurs enfants. Ils sont équipés et respirent normalement. L'oxygène vient à manquer et les secondes passent. Que se passe-t-il pour les parents ? Par manque d'oxygène, ils vont s'évanouir... et personne ne pourra leur venir en aide.

Dans la seconde alternative (celle dictée par les compagnies d'aviation) : les parents s'équipent des masques et respirent normalement. L'oxygène vient à manquer et les secondes passent. Que se passe-t-il pour les enfants ? Par manque d'oxygène, ils s'évanouissent mais les parents, correctement équipés, peuvent maintenant prendre soin de leur progéniture en leur appliquant les masques. Dans ce deuxième cas de figure, nous constatons que prendre soin de soi permet de prendre soin des autres.

Nous pouvons cheminer de mille et une manières en stimulant notre intellect par exemple par la lecture, en suivant un séminaire ou en écoutant des conférences mais arrivera un moment où nous devrons nous rapprocher de notre âme, du travail d'introspection et de développement personnel qui l'accompagne.

Prendre le premier rendez-vous, c'est entamer ce chemin d'introspection. C'est souvent stressant pour celui qui vient me trouver car il ne sait pas vraiment à quoi s'attendre. Non seulement, il est en demande d'aller mieux mais en plus, il fait face à l'inconnu (le thérapeute, la pratique du soin, les sensations, l'endroit). L'inconnu, dans quelque domaine qu'il soit, a toujours un côté préoccupant et c'est normal.

Dans ce travail, j'aime prendre le temps d'expliquer ma manière de voir les choses et ne demande jamais d'adhérer à ma perception de la vie. Je suggère et offre une manière différente d'aborder l'existence avec ses joies et ses difficultés. Chacun est absolument libre d'en faire ce qu'il veut et c'est très bien ainsi.

Après le soin, nous partageons ce que nous avons vu et ressenti durant la séance. J'aime souvent souligner un point fort de ce qui m'a particulièrement interpellée durant la visualisation.

La personne en soin est invitée à me donner de ses nouvelles le lendemain, histoire de voir comment les choses se passent pour elle. Le cas échéant, je peux travailler à distance si nécessaire, soit pour chasser la fatigue ressentie ou pour « calmer le jeu » si les émotions sont encore très à fleur de peau.

Je ne prends aucune note durant le soin car je ne souhaite pas m'approprier l'histoire des autres. Il arrive parfois que j'aie du mal à me rappeler ce qui vient de se passer durant le soin. C'est ainsi et je ne force rien pour me souvenir. Je fais confiance à la vie.

En général, j'oublie rapidement ce qui s'est passé durant un soin. Lorsque le lendemain de la séance, j'ai des nouvelles et que tout va bien, je « lâche » complètement. C'est un peu comme si ma mémoire était effacée au fur et à mesure. À bien y réfléchir, je pense que c'est mieux ainsi.

Je considère aussi que, de cette façon, la séance est « bouclée » et qu'il n'y a pas lieu de retravailler la situation évoquée.

Toutefois, lorsqu'une personne revient me voir, que ce soit quelques semaines ou même quelques années plus tard, il m'arrive de me souvenir précisément de ce qui s'est passé durant la séance précédente. Ceci est pour moi une information importante, dans le sens où il faut continuer à nettoyer en profondeur, cette mémoire précise.

Nous nettoyons étape par étape et peut-être faudra-t-il travailler plusieurs fois un épisode douloureux de notre existence.

Nous sommes tous à différents endroits sur le chemin de notre évolution spirituelle et nous ne pouvons pas passer du troisième étage au cinquième en oubliant l'étape du quatrième, par exemple.

Tout arrive à point nommé quand l'âme est prête et quand nous lui faisons l'honneur de l'écouter vraiment !

Aller à l'Essence-Ciel

• 1 • La Source vue dans sa globalité

• 2 • La Source vue de plus près

• 3 • L'étincelle de vie et l'âme sont toujours intimement reliées entre elles

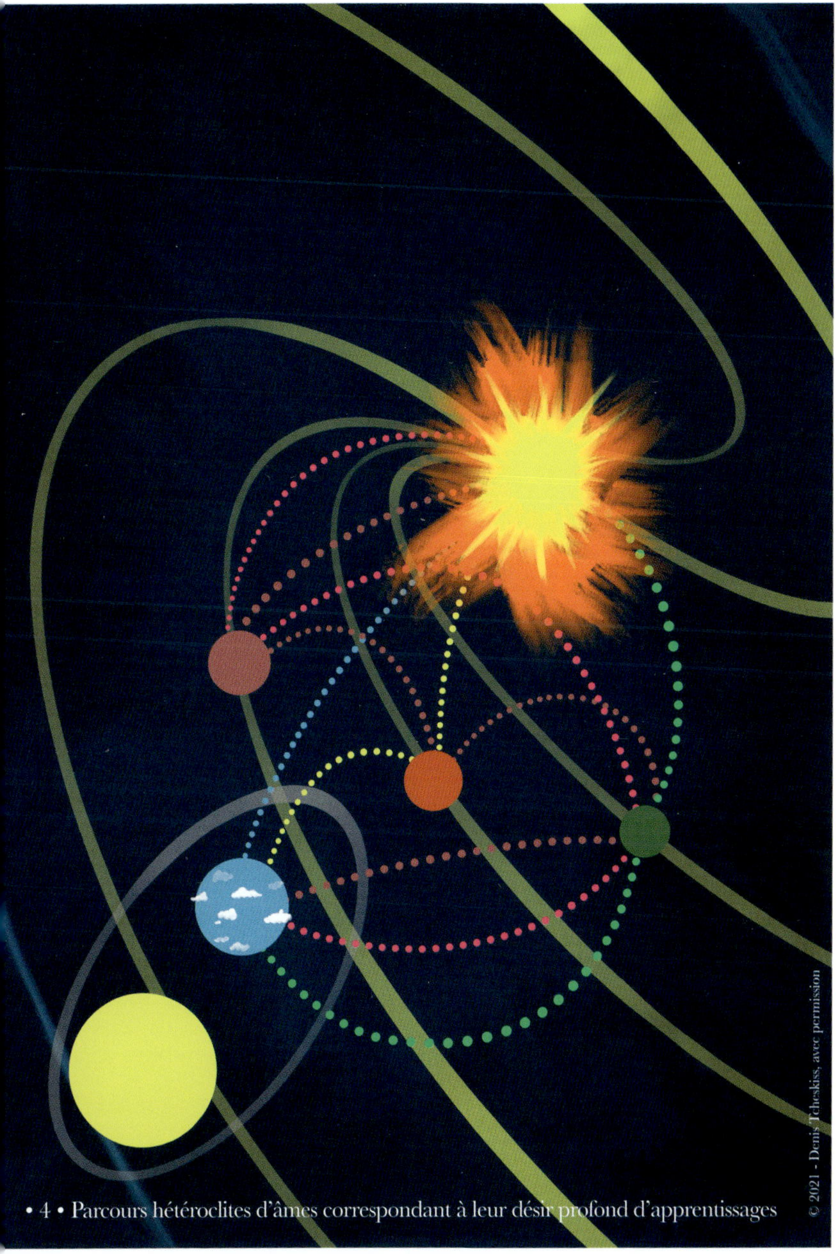

• 4 • Parcours hétéroclites d'âmes correspondant à leur désir profond d'apprentissages

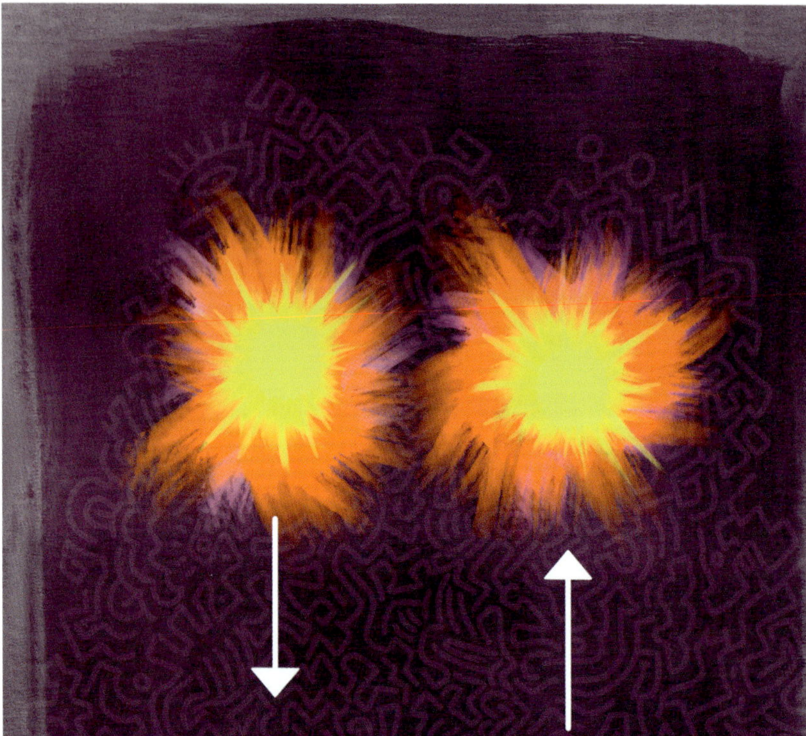

• 5 • Nous sommes des êtres spirituels venus vivre une expérience terrestre et pas l'inverse

• 6 • Toutes les interactions sont simultanément enregistrées au sein de la source

• 7 • Le parcours d'une âme dans les différentes incarnations

• 8 • Espace de réflexion, de soin, de préparation, d'accompagnement, de conseils etc. entre les différentes incarnations (zone rosée)

• 9 • Représentation de l'âme (avec toutes les expérimentations déjà vécues)

• 10 • Dans cette vie-ci :
en haut : informations (zone jaune) dont le mental est conscient.
en bas : informations (zones jaunes) dont l'âme a accès selon les besoins de l'incarnation

• 11 • Mission de vie : quantité de chemins (choix) s'offrent à nous pour avancer dans la direction souhaitée par l'âme. Si c'est le mental qui fait les choix, il risque de nous éloigner de notre destination première et nous emmener « ailleurs »

• 12 • Corps-âme-esprit
En haut : harmonie = concertation entre les 3 parties
En bas : disharmonie = quand l'esprit (par exemple) veut « tout » gérer sans tenir compte des 2 autres partenaires

Moi-je
Nous
Tout

2ème PARTIE

Cette deuxième partie est consacrée aux « enseignements » que j'ai reçus ces dernières années (depuis 2014). Je ne les considère pas d'ordre « privé ». Je pense qu'ils peuvent conduire à la réflexion et c'est pour cela que je les partage, chacun étant libre d'en faire ce que bon lui semble. Nous avons le libre-arbitre...

Lorsque je reçois un enseignement, je me sens soudainement très fatiguée, à la limite de l'endormissement et des frissons parcourent mon corps. Il est alors temps pour moi de m'asseoir derrière mon écran d'ordinateur pour retranscrire. L'ordinateur me permet d'écrire plus rapidement qu'à la main et c'est pour cela que je le choisis comme support.

Au moment où le message arrive, je n'ai absolument aucune idée du contenu. Je retranscris pendant une vingtaine de minutes environ. Il est difficile d'expliquer comment ce message arrive. J'ai des sensations, des concepts dans leur globalité qui défilent sous mes yeux et je me concentre sur ce qui vient, sans chercher à contrôler quoi que ce soit. Je me laisse guider en toute confiance et j'essaie toujours de retransmettre les impressions au plus près de ma conscience humaine. Lorsque c'est fini, je sors de cet endormissement. Je relis le texte pour y corriger les erreurs de frappe et d'orthographe. C'est aussi à ce moment-là que je découvre le contenu du message. Je n'apporte aucune correction au niveau de la syntaxe et les messages qui suivent sont à l'état « brut ». J'ai parfois ajouté quelques mots entre parenthèses et en italique pour préciser le sens.

Ces écrits, je dois aussi me les approprier comme n'importe quel lecteur. Ils ne sont pas « inscrits » dans ma mémoire comme une histoire que j'aurais pu écrire en conscience. Je dois aussi les comprendre en tant qu'être humain et certaines choses m'échappent mais je fais confiance à ce que je reçois. Je me sais guidée et protégée. Le canal utilisé et fonctionnant dans ces moments-là est celui qui nous relie à la Source et certains messages viennent de mon âme, d'autres de mes guides et d'autres encore de l'Univers et je m'incline devant tant de grâces.

Plusieurs possibilités d'approches de cette 2ème partie

s'offrent à vous. Dans un premier temps, vous pouvez lire les messages :

1. dans l'ordre proposé
2. en vous laissant inspirer par le titre d'un message
3. en ouvrant la 2ème partie du livre « au hasard »

Dans un deuxième temps, vous pouvez :

1. relire le message lentement (peut-être plusieurs fois) à voix haute dans une attitude méditative. Ceci vous permettra de mieux vous approprier le contenu et de sentir la résonance dans votre cœur.
2. écrire ce qui vous touche en mettant à la première personne pour vous en imprégner. Exemple (extrait du 5ème message) : *Tout est là, juste là. Dans la contemplation se trouve la (MA) paix intérieure, celle qui (ME) rend fort(e) et puissant(e), dans un silence magnifiquement rempli de l'essence-ciel ! Se (ME) détacher tout en étant présent(e), observer dans le détachement, se (ME) complaire tout en travaillant, assouvir tout en se (ME) rapprochant du monde, des lois de l'Univers, immuables et perpétuelles, pour répondre à l'appel de la Vie : être un(e) et tout à la fois ! Être unique et universel(le), si proche et si éloigné(e), si présent(e). Au cœur de ce (MON) jardin secret, le (MON) diamant brille de toute sa splendeur et ne demande qu'à être vu, touché, accueilli, admiré, respecté tout en étant accessible. Il veille sur nous (MOI), à chaque instant, il se régénère pour garder sa (MA) force, pour l'enrichir et la transformer en joyau toujours plus beau, plus pur et*

plus grand, aux yeux du monde et de l'Univers.

3. écrire ou souligner les éléments clés qui vous interpellent pour y revenir à un autre moment
4. relire ce qui vous touche à intervalles réguliers pour observer vos ressentis intérieurs et votre évolution

J'espère que vous vous laisserez emporter par ces messages que je partage avec joie... et si j'ose... laissez votre cœur s'imprégner du contenu, car il sait !

La réunion du Tout et de tout

C'était une belle soirée sans lune. Je marchais sur la plage qui se déroulait devant moi. La brise du matin m'enveloppait de sa douce blancheur.

Qu'ai-je fait entre les deux ? Je ne sais pas. Je ne m'en souviens pas ! Quoique peut-être, si j'y repense. J'étais face à l'océan, au milieu de nulle part ! Je respirais la vie, simplement. J'avais juste envie d'être là, vivante. Je regardais au loin, à l'horizon. Mon regard était perdu dans le noir et j'étais perdue dans mes pensées ! C'est là que j'ai vu une lumière, si blanche, si lumineuse, si étincelante. J'étais aveuglée, hypnotisée, comme paralysée mais pas par la peur, juste par la beauté et la paix qui rayonnaient autour de moi. Je me suis laissée emporter au loin, pas si loin dans le fond. J'ai été comme aspirée et me suis retrouvée baignée de douceur, dans un amour incommensurable. J'étais attendue, accueillie telle une princesse qui rejoint son royaume et qui a tellement manqué à son peuple. Les retrouvailles étaient simples, émouvantes et remplies de joie. La boucle était bouclée. Livide, épuisée et heureuse d'être parmi les miens, mes frères et sœurs de cœur, ma famille d'âmes amies, aimantes. Je me suis laissé emporter par la douceur des tendres retrouvailles. La légèreté s'est installée, celle où l'on n'est plus dans la matière, celle de la transparence et de la collectivité, celle de l'union dans la liberté d'être, celle qui rassemble chaque cellule dans la même danse, celle où l'être prend toute sa réalité et sa place, celle qui fait vibrer mon âme au plus profond de mon être, avec justesse, délicatesse, harmonie et audace, tel un cadeau permanent, jubilatoire et tellement raffiné, tout en étant dans la simplicité. Celle de la réunion du Tout et de tout, celle qui vibre au plus profond de mes entrailles, avec certitude et félicité, sans trembler ni hésiter, avec la force qui habite la Source. Celle où l'on peut se désaltérer sans boire, se nourrir sans manger, voyager sans bouger, respirer sans s'occuper de sa survie. Celle où l'on se trouve et se retrouve, ici et maintenant, mais aussi ça et là, ici et là-bas, dans un même mouvement d'exultation. Celle qui prend soin de tous mais aussi de chacun, au même rythme ou à son rythme, sans jugement aucun, avec ferveur et avec indulgence, avec conscience et précision, tel un jeu organisé depuis longtemps et où la lassitude ne s'installe pas, où la persévérance et l'inimitié n'existent pas. Celle où l'on tend vers le but, où notre réjouissance devient celle de tous, celle qui enveloppe et accompagne, cajole et calme, dorlote et berce tout doucement comme les vagues sur la mer tranquille. Celle qui se fond et qui fond dans la douceur de la Vérité. Je me suis sentie touchée, chez moi, à ma juste place, comme un enfant qui retrouve sa famille après une longue absence et qui se laisse emporter par le vent et le goût des retrouvailles vraies et authentiques.

Ce moment qui dura un instant ou une éternité, peu importe, au milieu du Tout et de nulle part, m'a remplie d'une force incroyable, insoupçonnée et insoupçonnable, d'une beauté à couper le souffle, explosive mais pas destructrice, généreuse, enveloppante, transformatrice et instructrice, vibrante et sensible, ajustée à mon être profond.

C'est à ce moment-là que j'ai revu la plage au petit matin après l'enseignement reçu du Tout et de tous. C'est là que j'ai accepté d'être qui je suis, c'est là que je me suis pardonnée. C'est là que j'ai décidé de m'aimer totalement dans l'abandon du Tout pour que la paix règne dans mon cœur et dans celui de ceux que je côtoie. Amen

Ton âme

L'instant unique et renouvelé à chaque instant

Retrouvons-nous aux confins de l'univers, là où la paix règne en maître dans un océan de lumière tendre et voluptueuse, imperméable aux regards extérieurs. Rien n'est plus simple et mystique, la qualité de l'être y trouve toute sa puissance et sa gloire. Il n'est écrit nulle part que cet endroit existe, pourtant il est très présent et engendre la lumière primaire. Cet endroit est relié au Tout et il y règne une grande harmonie. Marcher sur son enveloppe lumineuse donne une vision globale de l'univers dans toute sa puissance. Nul ne peut y aller sans apporter sa contribution à l'expansion de l'exponentiel. L'aube y est permanente, elle permet de laver, de nettoyer, de solidifier, « d'introvertir », d'assouvir, de pénétrer dans le temple d'or, dormant telle l'éternité dans toute sa splendeur. Le gigantisme perpétuel des lois de l'Univers, si simples et si inaccessibles à l'Homme, berce les nuits et les jours de votre imaginaire. Nul ne dépend de ce qui advient, de ce qui s'y passe et se présente à celui qui décide d'y passer, un instant, un moment ou une éternité. Lapalissade que de dire qu'il advient de ce qu'il advient, que la rivière coule toujours dans le même sens, que la pluie tombe et que le printemps revient. À amplitude constante, tout s'égrène, à son rythme, sans effort, sans loi ni ordre hiérarchique. C'est la plénitude qui règne en maître, dans l'instant unique et renouvelé à chaque instant dans la douce présence des Anges et des Archanges qui veillent et accompagnent, surveillent et veillent, avec tendresse et respect, douceur et force, vigilance accrue pour celui (ceux) qui en a le plus besoin. Libres de tous jugements et d'objectifs à atteindre, ils accueillent dans la maison « mère » celui qui a perdu sa route, celui qui a besoin d'être guidé, encouragé, cajolé, emporté dans un linceul. Celui qui papillonne et qui se cherche trouve là la Source de ressourcement, celle qui guérit et qui choie, qui enveloppe et qui fortifie, celle qui chuinte goutte après goutte, simultanément la grâce et l'ardeur, la bonté et l'insouciance, la générosité, le pragmatisme et la liberté de la Vie ! Au fil du voyage, la source devient rivière, fleuve, et retrouve l'océan de lumière, reliant la Source *(la Vie)* à l'Océan *(l'éternité)*. Celui qui se laisse guider avec harmonie et justesse est conduit dans les retranchements les plus infimes de son âme, à la découverte d'autres horizons inconnus mais ô combien riches de merveilles incalculables et fantasmagoriques. Il se rapproche ainsi du Tout dans toute sa splendeur et son intériorité. Cette intériorité lui indique le chemin de la Vérité unique et universelle, tellement simple que l'on ne l'imagine pas un instant *(ou une éternité sous forme de boutade)* ! Elle mène vers des horizons proches et lointains, à l'heure du commencement et de la fin, à l'aube et au crépuscule, en symbiose avec l'univers tout entier ! L'écoute est indispensable, précieuse et subtile, tout en étant futilité et conversation des temps anciens, où l'on ne quittait pas la Source, où elle se suffisait à elle-même et aux autres, où l'ardeur du partage était déhiscence *(ouverture)*. L'ouverture de la Source sur elle-même engendre un orchestre de possibilités impromptues et nouvelles, où l'âme dans toute sa splendeur se réalise et s'invite au partage et à la fête éternelle du temps qui va et vient, passe et file, dans un seul mouvement liquide et solide, fluide et compact, perpétuel et éternel. La Vie passe au travers, avec force et subtilité, comme le bateau file sur les vagues, avec force et puissance, beauté et grâce, sous un ciel rempli de mille étoiles tourbillonnantes de Vie et de Lumière. Qu'il en soit ainsi, pour l'éternité du moment présent.

Avec grâces, amour et conscience. Amen !

Communauté angélique

PS : Merci de partager et diffuser dans l'ordre des choses et du temps qui passe, doucement et avec ferveur...

Le vieil arbre représentant toutes les forces vives de la Terre

Surprise ! Aujourd'hui, c'est moi, le vieil arbre qui te parle. Du fin fond de l'univers, je veille avec force et grâce sur le temps qui s'égrène et le temps qui passe ! Dans l'absolu, je ne dis rien, j'observe, je médite et je transforme *(passer d'un temps à l'autre)*, je transpose et transperce d'une période à l'autre ! Je m'aplanis pour te laisser marcher sur moi, pour te guider d'une époque à une autre. Le temps s'écoule et s'égrène, et moi je fais le lien entre les deux ! J'accueille les confidences, les rires et les pleurs, j'accueille sans rien dire, simplement. Mon énergie se diffuse à tout va, avec constance et fidélité à celui qui prend soin de moi et qui me respecte. J'accueille avec finesse et joie, détermination et volupté, embrasement et fougue, rigueur et volontarisme comme le gardien du Temps. Qu'il me paraît court et lent en même temps, ce temps qui passe et qui efface à force de passer et repasser. Quelle joie de t'observer à chaque instant, avec ma tranquillité qui rassure et régénère celui qui prend le temps de me saluer. Au sommet des montagnes, le vent siffle et souffle. Il nettoie l'horizon et le dégage de toutes les tensions engendrées par le Souffle de Vie. Il balaie la tristesse et la souffrance, l'égoïsme et l'incrédulité. Il tournoie et danse à chaque instant, insuffle un nouvel élan de vie, telle la fleur qui pousse et s'épanouit au soleil. Il digère et génère la Vérité. Cette Vérité qui fait peur et angoisse la nature humaine au plus profond de son être. Il allume le feu qui nettoie et qui efface les stigmates laissés par le temps qui passe. Il offre à la Vie, douceur et régal pour les yeux de celui qui regarde avec ferveur et croyance en la vie constante, éternelle et renouvelée à chaque instant. Il habille le temps de mille et une couleurs aussi belles, aussi fortes et puissantes et qui engourdissent de saveurs sucrées, salées, amères ou encore douces. Le feu glorifie et purifie. Il est bienfaiteur pour celui qui l'accepte, qui le contemple et qui le maintient en vie ! Honneur à celui qui se transforme dans le respect des éléments de cette nature si vivante et vivifiante, si douce mais aussi rebelle, au gré du temps qui passe et projette la délicatesse du mouvement continu et qui danse avec le ciel et l'univers tout entier. Rebelle aux injonctions nouvelles, rebelle à la volonté de nuire et détruire, tel le sabre qui massacre avec violence. L'Homme trouve l'apaisement dont il a besoin et qu'il cherche au milieu des éléments et forces de la nature. C'est ainsi depuis tous temps, toutes époques. Il peut se poser et se reposer, se plonger et nager dans la douceur qu'il peut percevoir s'il y est attentif et s'il met ses sens en éveil. Rien n'est plus simple et plus fort que la communion et la rencontre avec la Nature. Je suis ton compagnon et tu peux me sentir, me faire des confidences et me faire confiance. Je n'en dirai mot à personne ! Je me contenterai de t'écouter, de te choyer comme mon propre enfant, de te bercer au fil du vent et du temps qui passent. Je nettoierai tes souffrances petites et grandes, avec respect et détermination. Tu peux compter sur moi.

Je suis l'arbre de la forêt, la forêt toute entière et le représentant de toutes les forces vives de la Terre. Amen !

Semer sans relâche et dans la joie

Petite-fille chérie,

Comme la brume envoûte et est envoûtante, comme l'oiseau fait mon bonheur, comme la terre tourne, comme les saisons passent et repassent, la liberté se savoure à chaque instant. Elle est comme l'écume sur l'eau, immobile et mobile à la fois. Elle circule au milieu des flots, poussée par le courant, retenue par la végétation présente. Enfant de la Terre, comme tu aimes le dire, tu rejoins le Temple d'Or quand tu dors, pour y apprendre et apprendre encore et toujours. C'est ton choix d'âme de le faire encore et encore, malgré la fatigue et la lassitude que cela engendre ici-bas pour toi. Telle une pionnière, tu te hasardes pour découvrir d'autres territoires étrangers à tes yeux. La beauté du geste nous touche beaucoup et nous t'accompagnons sur les autres rivages. Tu peux nous faire confiance et garder courage. Le ruisseau coule toujours, la Source ne tarit jamais et est un éternel recommencement.

Au début, il était fier et fort le bouleversement accompli. Aujourd'hui, il est dirigé, organisé et tend à apprécier la Vie, comme les pièces d'un puzzle qui se construit, pièce après pièce, avec patience et véhémence. Le tableau devient vivant et lumineux, à ton image et à celle que tu cherches pour répondre aux attentes de ton âme. Le lion, le loup et l'agneau savent ce qu'ils doivent accomplir en venant sur cette terre. Ces représentations ne font qu'un ensemble pour toi et pour chacun de nous. C'est toute la difficulté d'harmoniser ces trois forces et d'en comprendre la subtilité de leurs essences. Doux comme l'agneau mais puissant comme le lion, agrémenté par toutes les facettes du loup qui peut être soumis ou collégial, ou encore protecteur tout en étant le dirigeant. À perte de vue s'étendent différents mondes dans lesquels nous t'accompagnons pour ton apprentissage.

Respire la vie et la joie, la joie de vivre pour toi et communique-la aux autres, à celui que tu vois et que tu connais, mais aussi et surtout à celui que tu croises dont tu ne connais pas le nom. Répands la lumière autour de toi, sans relâche, juste pour la beauté du geste, sans te poser question aucune, comme si tu semais des grains de blé. Avec désintéressement, laisse ces grains de blé pousser, germer et grandir sans t'en préoccuper. Cela ne t'appartient pas ! Tu n'as pas à te soucier de ce qu'ils deviendront ! Tu as juste à semer, semer, sans relâche et dans la joie. Telle est ta mission, parmi d'autres. Ouvre ton cœur et donne sans chercher à savoir pourquoi, sans limite, par amour pour la Terre. Ne te ligote pas les mains de ce qui ne t'apporte pas satisfaction, choisis d'être libre de toutes critiques, jugements et astreintes non régénératrices pour toi. Accorde-toi le temps pour ce que tu as à faire de bon pour toi, laisse le reste.

Observe le ciel et les étoiles, va chercher ce qui est bon pour toi, là où ton cœur te mène. Laisse chanter l'oiseau qui fait ton bonheur. Il te permettra de trouver la douceur de vivre afin de la répandre autour de toi ! La coccinelle est la bête à Bon Dieu, comme elle, laisse-toi guider en confiance et amour dans le présent, le passé et le futur qui n'existent d'ailleurs pas puisque tout est PRÉSENT.

Libre comme l'air, comme le ciel et les étoiles, tu deviendras !

Alléluia dans l'allégresse du temps suspendu qui permet à chacun d'évoluer et de se transformer.

Ceux qui t'aiment depuis toujours et pour toujours et qui t'épaulent à chaque instant !

Être un et tout à la fois

Un torrent d'amour à déverser sur le monde, sur les êtres et sur chaque élément vivant de la planète, telle est la mission de chacun d'entre nous. Au cœur de la forêt, perdu dans les méandres de la végétation, se trouve le cœur, le poumon de l'explosion de vie. Cette vie-là est précieuse et encore intacte, protégée par le Tout, comme une pierre précieuse, un diamant dans lequel se trouvent les origines de la vie sur Terre. Celui qui trouvera ce diamant changera la face du monde. Le monde pourra alors entrer dans une nouvelle énergie purificatrice et bienfaisante. Ce trésor caché se trouve dans notre essence profonde. C'est le modèle, un fragment de ce modèle qui nous porte et qui nous pousse à rebondir, rejaillir des flots tourmentés de nos vies.

Purification, moteur de vie, tout en étant douceur et puissance, la vie terrestre représente une infinie parcelle du voyage à accomplir. La vie pose des éléments concrets et chacun, dans son cœur, sent l'appel, le cri premier et instinctif du désir de l'âme d'appartenir encore et toujours, à l'étincelle de vie. Les tourments figurent en tête de liste, non pas pour nous alourdir, mais pour nous permettre d'apprendre, pour nous permettre de nous rapprocher au plus près de notre essence profonde. L'accompagnement est essentiel. Il vient de loin, très loin, du plus profond de l'univers, aux confins où l'essence subtile règne en maître, où les plans de vie s'ébauchent, se discutent, évoluent et se transforment au gré du temps qui passe, du temps toujours présent et unique. Cette étincelle de vie est l'empêcheur de tourner en rond. Elle veille, elle protège, elle accomplit, elle aide, elle défend et propulse l'impulsion vitale, essentielle et unique, sur chacun de nous. Nul n'y échappe, nul ne peut y échapper. L'instant suivant devient alors plénitude et contemplation, comme soulevé par la puissance du Souffle de vie, entouré par la connaissance intime de l'univers tout entier, dans ses profondeurs retranchées, presque « oubliées » et pourtant tellement présentes. La connaissance de soi, de cette étincelle de vie, passe par l'acceptation de ce qui est, ici et maintenant, par l'abandon du tourbillonnement de la vie, qui emporte parfois sur les rivages lointains. Tout est là, juste là. Dans la contemplation se trouve la paix intérieure, celle qui rend fort et puissant, dans un silence magnifiquement rempli de l'essence-ciel ! Se détacher tout en étant présent, observer dans le détachement, se complaire tout en travaillant, assouvir tout en se rapprochant du monde, des lois de l'Univers, immuables et perpétuelles, pour répondre à l'appel de la Vie : être un et tout à la fois ! Être unique et universel, si proche et si éloigné, si présent. Au cœur de ce jardin secret, le diamant brille de toute sa splendeur et ne demande qu'à être vu, touché, accueilli, admiré, respecté tout en étant accessible. Il veille sur nous, à chaque instant, il se régénère pour garder sa force, pour l'enrichir et la transformer en joyau toujours plus beau, plus pur et plus grand, aux yeux du monde et de l'univers. Il se démultiplie à chaque instant, provoquant ajustements et bouleversements continuels, pour parfaire le plan mis en place, depuis la nuit des temps. Et viendra bientôt le temps où tous se reconnaîtront, œuvreront dans la même synergie, la même requête pour alimenter la Source profonde et essentielle, celle qui guérit et qui purifie dans le ciel, sur la terre et partout dans les profondeurs de l'univers. Elle resplendit à chaque instant, invite à la rejoindre dans la fête, le détachement, avec amour et tendresse, dans la joie du partage pur et véridique, essentiel à l'Essence-Ciel d'ici et de là-bas. La cohérence se diffuse en tous lieux, toutes heures et tous temps, avec une infinie patience, loin de toute agitation physique et mentale, telle la poudre d'étoiles illuminant le ciel, du berceau jusqu'à la fin des temps, jusqu'aux confins de l'univers visible et invisible, jusqu'à toujours pour l'accomplissement de l'étincelle de vie ! Amen.

L'étincelle de vie transposée en diamant accessible à chaque instant et pour toujours !

Se laisser bercer au rythme variable du temps

Remontons l'horloge du temps qui passe ! Depuis la nuit des temps, le temps s'agite en tous sens, en mouvements impromptus, prévisibles et imprévisibles.

Le temps s'égare, il se cherche, se trouve, repart et revient, à son rythme, parfois avec frénésie ou langoureusement ! Quand il s'agite, comme c'est le cas actuellement, il nous fait remonter aux confins de l'univers pour réactiver les instants enfouis, comme oubliés, des parcelles de notre âme. Cela met en évidence, des portions de temps dont il faut s'occuper (enfin) pour permettre l'évolution du poumon de notre essence. Cela crée une déchirure puissante et forte, entre ce que nous sommes vraiment et ce que nous sommes dans l'ici et maintenant. Cette déchirure, pour celui qui n'est pas préparé, est terrible. Elle torture au plus profond de notre être, pour permettre d'émerger à une nouvelle conscience, une conscience thérapeutique, permettant la guérison de blessures si anciennes qu'elles paraissent nouvelles. La boucle se boucle ainsi. L'origine du monde débouche ainsi sur la fin du monde, permettant ainsi qu'une nouvelle ère se crée. Mais rien ne se crée sans heurts et difficultés. Les événements se précipitent emportant tout sur leur passage, tel un ouragan. Celui qui y échappe n'est pas privilégié. C'est qu'il a déjà passé le niveau de conscience actuel. Pour les autres, il s'agit d'un passage obligé, très peu confortable certes, mais bénéfique aux divers plans de l'âme. Jadis, nul ne l'ignorait. Chacun y était attentif, sensible aux mouvements du temps, sensible aux vagues engendrées par cette évolution. Peu à peu, l'Homme s'est intéressé à d'autres choses, d'autres préoccupations externes à son propre fonctionnement. Aujourd'hui, le temps le rattrape, il le rattrapera toujours. Le temps nous berce, ne l'oublions pas. Telle la vague qui va et qui vient, le temps avance et recule dans un mouvement perpétuel et grandiose permettant à la vie d'exister et d'évoluer au rythme du temps qui est là, sans être là. Bercés par la vie, voilà ce qu'il faut faire. Se laisser bercer au rythme variable du temps que l'on ne peut pas compter ou quantifier. Le merveilleux roulis du temps qui passe, comme une jolie chanson céleste, au rythme des mondes qui l'entoure, émerveille celui qui en est conscient mais bouscule profondément celui qui veut échapper à ce rythme.

Dieu dans toute sa splendeur, encourage chacun de nous à le suivre, à sa façon, de manière fort discrète mais profonde, de manière évocatrice et respectueuse, de manière tempétueuse et grisante, mais toujours, toujours dans le respect de l'âme de chacun. Derrière les boucliers humains, représentant Dieu sous une forme quelconque, derrière ces boucliers, se trouvent la vraie image de Dieu, celle qui est juste et élévatrice, d'où la beauté qui s'en dégage, projetant force et puissance à celui qui est capable de voir au-delà du bouclier. L'espace-temps est protecteur et gardien du secret de la Vie. Il permet le refuge dans l'expérimentation, la connaissance dans l'accomplissement et l'acceptation de la synergie flamboyante et perpétuelle du divin en chacun de nous.

Liberté, partage, rencontre, connaissance, reconnaissance sont les joyaux du temps qui passe. Ainsi soit-il pour aujourd'hui, demain, hier et pour toujours !

L'éternité retrouvée au travers de l'engagement de tous et de chacun !

L'épée, une arme d'amour

L'Esprit m'habite, il me guide dans mes transformations. Il dirige et digère, lentement mais sûrement. Tel le ruisseau trouve son chemin, telle ma main qui te guide, telle l'épée qui te protège et qui protège ceux qui demandent ta protection. Tu poursuis ton chemin avec aisance, sans prétention aucune, simplement et habilement parmi les tumultes de l'existence. L'épée protectrice, impressionnante par sa grandeur, sa force et son poids, transperce les couloirs du temps et révèle les secrets de l'interdit. Elle révèle la partie de l'âme blessée, là où le rouage se grippe. Cette partie si infime au cœur de la cellule première contribue à l'émancipation de la lueur première quand le monde n'était pas monde, quand tout était en préparation. Elle brille et scintille pour être vue et attirer l'attention. Tel un portail sur lequel s'ouvre un jardin inconnu mais tellement envoûtant, teinté de brumes qu'il faut dissiper pour découvrir la beauté du vivant et vivifiant en nous.

L'épée nous montre et pointe ce qui est à travailler chez chacun de nous. Elle guide avec subtilité dans les retranchements profonds de l'âme. Elle permet d'accéder à l'essentiel, là où se situe la blessure profonde. Elle injecte en douceur et avec précision, la lumière première, celle qui soigne et permet de guérir. Elle joue un rôle de transmetteur entre le présent, le passé et le futur. Elle fait le lien entre ces trois niveaux de conscience, sublimant ce qui peut l'être, protégeant celui qui cherche et qui met de l'énergie à se réapproprier son identité première, celle où la grâce enrobe et embaume dans les divers niveaux du Temps qui passe, qui est et qui va. Celui qui ose saisir l'épée et ose s'en servir, telle une arme d'amour d'une puissance extraordinaire et non visible avec les yeux d'humains. Celui qui ose s'en saisir permet de toucher les humains au plus profond de leur être, en leur donnant la capacité d'évoluer dans l'absolu, avec dignité, élégance et simplicité. Cette épée se transforme alors en croix du Christ et sa structure lourde au premier abord, se transforme en légèreté et amour dès que l'on pose sa main pour la saisir. Pour cela, il faut faire confiance, confiance de ne pas maîtriser le temps qui passe et qui donne la possibilité d'effectuer de grandes choses ici-bas mais aussi ailleurs dans d'autres mondes reliés au temps présent. Les conséquences d'ici-bas se répercutent immédiatement ailleurs, sous d'autres formes et interactions universelles. La transformation de l'épée en croix du Christ vivant est une étape à atteindre dans le plan de l'âme. Seules les âmes libérées de tous jugements, de toute envie de « revanche » peuvent prétendre s'en saisir ! Alors saisis cette épée qui transformera à nouveau ta vision du monde, de l'univers. Il y a juste à tendre la main, à faire et se laisser faire dans la joie et l'accueil de la nouveauté retrouvée, comme au temps d'avant, au temps où tout était limpide et clair, au temps où personne ne doutait et avait la foi en l'Univers et la vie qui coulait et se déroulait selon les lois universelles.

Cette épée t'est adressée avec douceur et avec tellement d'amour. Laisse tomber les cartésiens qui vivent en Cartésie *(rires)*. Sors de ce pays qui n'existe nulle part ailleurs que dans la tête des gens peureux de toutes les richesses invisibles et multidimensionnelles de l'âme qui s'enferment dans des certitudes obsolètes depuis la nuit des temps. Apporte au monde ta contribution unique, mais précieuse, à faire changer les choses. Une quantité importante d'âmes est là pour travailler à ce processus de changement intérieur. Le travail se fait avec patience et au rythme dicté par les profondeurs de l'âme terrestre. Le signe de ralliement entre ces âmes est l'amour universel et spirituel. Ces âmes forment une très grande chaîne à travers la Terre et l'univers. Les liens sont invisibles mais existent profondément. Ils sont ancrés dans les méandres de l'âme. Ce travail de fourmi est laborieux mais riche et peut s'avérer facile pour celui qui se laisse guider avec foi et amour. Ainsi soit-il !

L'épée et la croix réunies pour toujours, depuis toujours et pour l'éternité !

Le Temple d'or s'éveille à une ère nouvelle

Douce harmonie, douce folie, doux vent du matin,

doux préambule d'où se trouve la Vérité. Vérité du cœur débordant de douceur dans l'univers agité du moment présent. Douce folie que celle de croire que tout est fini et que rien ne s'arrête vraiment. Doux mouvements, d'où mouvement infime et infini de l'univers, qui enchante et désenchante le temps qui file et qui passe. Longues attentes, période de doutes et de chaos, cacophonie vulgaire et délicieuse. Soubresauts révélateurs d'un nouveau monde qui s'en vient avec ferveur, détermination et volupté dans des temps douteux.

Force et accomplissement, la Réalité s'imprègne du moule fondateur, Vérité bafouée, Vérité révélée, Vérité éclatant au grand jour, celle que personne ne voit arriver des confins de l'univers. Vérité attendue par ceux qui savent et qui s'y préparent depuis longtemps. Les enfants y sont réceptifs. Ils sont à l'écoute et savent. Ils guident les anciens à ce changement. Ils apaisent la peur première et les peurs ancestrales de l'Humain. Ils sont là, tels des guides prêts à se mettre en route quand le moment sera venu. Peur lointaine, enfouie au plus profond de chacun, marque vivante d'un temps oublié, d'un temps révolu, perdu dans l'Atlantique de l'Atlantide au goût amer. À l'unisson, ce peuple se réveille et se remet en route pour apporter à la Terre les changements nécessaires à son évolution. Beauté d'y croire, de la voir arriver, de la voir resurgir d'ailleurs et de nouveau, la transformation a commencé en douceur, en libérant ceux qui sont préparés, ceux qui sont en route car ils savent au plus profond de leur être que le regard qu'ils portent sur le Monde est beaucoup plus complexe qu'il n'y paraît. L'effort individuel est de mise. Chacun (appelé et prêt à entendre) évolue, chacun dresse un pilier d'un nouveau temple où l'énergie d'Amour réinvente et réinventera les bases de la civilisation actuelle. Ces piliers se rencontrent, se croisent mais ne savent pas se reconnaître car certains n'ont pas encore conscience de faire partie du Plan. Pourtant tout est là, tout se met en place, avec rigueur et douceur, avec bienveillance, avec sollicitude intime et personnelle, pour que les bases du Temple soient solides, pour qu'elles soient puissantes, à l'image du Tout qui se démultiplie dans sa création. Bientôt les piliers se reconnaîtront, ils sauront. Les doutes seront levés et c'est avec foi et croyance qu'ils se concentreront sur l'ébauche finale afin d'assurer la prospérité au Temple d'Or. Le Temple d'Or sommeille, se réveille doucement, s'éveille à une ère nouvelle, où tous les trésors enfouis par les Anciens, réapparaîtront dans toute leur splendeur et leur richesse. À tous les êtres de lumière, piliers du nouveau Temple, progressez en confiance, confiance qui doit être inébranlable, pour que la force puisse y jaillir des ténèbres *(dans le sens de mémoire oubliée)*. Soyez attentifs, observez tout, tout le temps, observez dans la confiance et non dans la peur car elle paralyse. Travaillez dans la simplicité retrouvée, avec légèreté dans ce projet où vous êtes guidés à chaque instant par l'étincelle de vie pure et première. Laissez-vous guider avec douceur et en douceur. Amusez-vous à découvrir la simplicité du moment présent, la simplicité de la douceur, la bienveillance qui vous entoure en vous enveloppant avec respect, avec équité pour chacun d'ici et d'ailleurs. L'effort à fournir est grand. Il est comparable à un acte d'Amour si puissant, si beau, si limpide tel le cristal. Le Temple d'Or doit pouvoir se construire sur les piliers en cristal pour que sa puissance émerge et qu'elle se répande jusqu'aux confins de l'univers, là où était l'étincelle de vie première.

Merci pour ton écoute, pour ton aide et ta clairvoyance indéfectible depuis la nuit des Temps ! Amen

L'ordre de l'épée du Christ-Roi éternel et vivant depuis toujours !

La Grande Bibliothèque de la Vie

Liberté retrouvée, celle qui coule de source, celle qui vient des profondeurs de notre être profond. Douceur et magie infinie d'un monde nouveau, du recommencement perpétuel. Joyau inestimable de ressources et en ressources pour qui sait s'arrêter et prendre le temps. À l'intérieur de ce joyau se trouve la mémoire infinie. Pour l'atteindre, il faut la force de faire un petit pas après l'autre, tel un explorateur avec une petite lumière qui s'en va explorer un royaume souterrain. Il lui faut faire confiance à la Source et il doit faire confiance à sa Source. C'est en réunissant ces deux Sources que tout s'illumine et prend de l'amplitude. Les parois du royaume s'éclairent, elles scintillent et reflètent alors leurs trésors jusque-là inaccessibles. Ils deviennent palpables, à portée de main. La distance qui paraissait si grande s'estompe, s'efface et la proximité est telle, qu'elle est à portée de main, tout simplement. Tu peux la toucher, t'en imprégner, t'en remplir. Tu peux saisir les livres dans la Grande Bibliothèque de la Vie, d'un geste si simple. Tu as le droit et le devoir de le faire. Tu as le droit de feuilleter, de revenir en arrière, de pointer du doigt là où il y a lieu de travailler. Nous savons que tu le fais et le feras sans jugement aucun et que tu respecteras tes engagements pris il y a fort longtemps. Pose ce livre sur l'autel du Temple et laisse faire ce qui doit se faire, avec amour et simplicité. Il faut se laisser porter, comme celui qui saute d'un tremplin. Il doit être rempli de force, de volonté et de courage aussi. Il doit s'élancer pour mieux s'envoler afin d'atteindre son but avec aisance et grâce. Tu es capable de ça, capable de voler très loin, au-delà de ton horizon, avec facilité et joie, avec amour et envie de servir ton âme et de toucher les âmes sur ton chemin. La voie est claire et dégagée de tout obstacle. La voie est limpide comme l'eau de source qui émerge du sol et qui court le long des torrents. Regarde le joyau de l'intérieur, imprègne-toi de sa richesse et de sa force. Tout est là, à disposition. Il n'y a plus rien à chercher ou à comprendre. Tout est ! Ouvre symboliquement ta porte. Mets-y un symbole fort et cher à ton cœur. Accueille et accueille avec simplicité et amour, avec détachement de ce qui vient de l'extérieur de toi. Aime le Temple dans lequel l'autel repose. Il est un havre de paix à l'intérieur du joyau. Il est respiration et nourriture spirituelle. Il est un havre pour toi et pour ceux qui en franchiront le seuil. Il rayonne et répare. Il apporte la paix et la guérison intérieure. Il accompagne et régénère. Il purifie et fortifie. Il est ! Il est ce joyau au service duquel tu t'es engagée. Il est temps de t'y installer et de le faire rayonner de toute sa splendeur.

Avec Amour et Confiance ! Tes guides de Là-Haut et de Là-Bas !

L'astre du jour nettoie et remplit

Comme l'écume et la brume se mêlent à la douceur du matin, la Vérité de ton âme peut apparaître brutalement. Tu peux y voir sa splendeur, sa douceur, sa force et sa grande puissance. À l'aube, tout est tranquille et il flotte une incertitude qui se lève lorsque le soleil réapparaît depuis la nuit des temps. Il emporte les doutes et les craintes, réchauffe les cœurs, il envoie l'énergie qui permet de se mettre au travail. Il libère des peurs, les brûle en son sein, il nettoie inlassablement, avec délicatesse et précision, avec respect et légèreté. L'astre du jour, tel l'âme, tourbillonne et rayonne pour diffuser sa chaleur. Il est le feu de l'Amour. Il caresse, il enveloppe, il nourrit de sa force vive. À l'image de chaque âme, de chaque étincelle de vie, il cherche à toucher chacun au plus profond de son être, pour le relier au Tout. Tu peux lui demander de venir brûler ce qui doit l'être pour que sa lumière puisse rayonner l'Amour inconditionnel. L'astre du jour peut jouer ce double rôle : celui de nettoyer et celui de remplir ! Demande-lui pour t'en servir. Relie-toi à lui et demande-lui d'effectuer la tâche. Il le fera avec respect et t'enverra la grâce demandée. Relie-toi à ton cœur, relie-toi à lui et ensemble la magie opérera. Libre de tous jugements ou condamnation, dans le respect de l'étincelle d'amour qui nous lie, fais confiance. L'histoire ne fait que de commencer et pourtant elle ne fait que se répéter à chaque instant qui passe. Le soleil détruit et donne la vie en même temps. Voilà un paradoxe simple et étonnant. Tellement simple qu'on l'oublie. Prends la chaleur de ses rayons et laisse la magie opérer avec tendresse et simplicité. Demande à nettoyer en profondeur, des profondeurs de l'univers jusqu'à ce moment présent et ceci dans l'Amour inconditionnel remplie du Christ vivant, de sa force et de sa volonté de croître et d'amplifier le roc de cristal, d'où la flamme première prend sa Source. Réintègre toute ta puissance là et maintenant, ainsi soit-il !

L'Ange de l'astre du jour !

Se rebrancher à son essence première

À l'aube du Jour Nouveau, les enfants s'éveillent et veillent en tendant leurs bras vers le nouveau ou plutôt le Renouveau. Ils reviennent à la Source et vont puiser leurs forces dans l'Essentiel *(= l'essence-ciel)* ! Ils participent à la redécouverte de l'élément premier, celui qui relie l'être humain à la Source. Les deux se retrouvent et se fondent pour ne former plus qu'un ! Telle l'étincelle divine se divise, telle elle se retrouve et se reconstruit toujours et encore. Sur le plan de l'âme, l'ouverture de mondes nouveaux peut à nouveau devenir exponentielle et offre ainsi une palette d'expérimentations incommensurables. L'argent a pris le pouvoir et l'humain se perd. Le temps est venu de se réapproprier sa vie non pas au niveau financier, mais au niveau des plans de l'âme. L'Homme a besoin de lâcher ce qui lui brûle les mains, ce qui n'est que futilité et perturbations car cela l'empêche de voir la vraie réalité de sa mission sur Terre. Cela l'induit en erreur et l'empêche d'évoluer comme il se doit. Il atteint son paroxysme d'absurdité et d'incompréhension en se focalisant sur la non-vie ! Quant au matin, il découvrira bientôt toute sa démesure et déconvenue, il devra alors rassembler ses maigres forces et devra se rebrancher à son Essence première, celle qui l'habite et qui étouffe au fond de lui. Il lui faudra nourrir cette étincelle. Il est temps qu'il s'approprie sa propre vie, qu'il en devienne le constructeur, le patron dans le respect qu'il se doit d'abord à lui-même et aussi aux autres frères de lumière. Un pacte a été conclu, un pacte visant à rassembler l'humanité dans la douceur pour sortir de la douleur. La douceur, élément de l'énergie d'Amour, transcende, transforme et permet d'évoluer. La douleur au cœur de chacun disperse et ne peut réunifier. Celui qui demande à l'étincelle de vie de l'aider en douceur, se voit exaucer immédiatement et avec grande joie de la part de la communauté des âmes observatrices et gardiennes du « pacte ». Ces âmes travaillent sans relâche et apportent leur aide à celui qui la demande. Le plan se déroule étape par étape. Il est ralenti puisque l'humain est distrait du sens profond de son existence. Il faut prier pour l'ouverture de la pensée première, celle qui nourrit et habite en vous. Vous êtes libres arbitres de votre vie et de ce que vous en faites. Vous êtes libres d'adhérer au plan du pacte ou pas. Les éclaireurs travaillent à la prise de conscience de l'humanité. Ils y travaillent avec force et détermination, avec véhémence et ardeur, avec joie mais avec des difficultés plus grandes à surmonter qu'ils ne pensaient. Mais rien n'arrête leur détermination d'y arriver et de transformer et révolutionner l'ordre des choses. Chacun est invité à se joindre à eux, à son niveau. Il n'est pas demandé quelque chose d'extraordinaire. Il y a lieu de valider le pacte et de donner symboliquement son accord aux changements. C'est tout ! Le reste suivra dans la douceur et avec le respect de ce que chacun représente pour sa famille d'âmes et pour la très grande famille de l'étincelle de vie. La longueur des discours lasse, la simplicité ouvre et rayonne dans la lumière. L'enfant qui sommeille en toi s'est réveillé. Il doit parcourir son chemin avec foi, courage et force, avec le respect de ce qu'il est, avec joie d'apporter sa contribution au monde, avec amour inconditionnel, simplement et en rayonnant de sa pleine lumière intérieure et extérieure dans la beauté du moment présent ! Qu'il en soit ainsi !

L'aube du Temps Nouveau vrai et vivant d'espérance et rayonnant à travers l'infini !

L'Homme et son destin

À l'aube des ténèbres, la vie s'en va et s'en vient. Des hauteurs célestes où plonge l'eau purifiante et vivifiante, il y a lieu d'aller se ressourcer et nettoyer les mémoires douloureuses du passé. En virevoltant tout doucement au creux de ton cœur, l'accueil à ce qui était et qui est, en émergeant, libère et purifie l'âme. Cela peut être douloureux mais tellement libérateur. Comme les remous sous nos pieds qui déstabilisent, qui modifient l'environnement, émergent des socles qui permettent de prendre appui. L'Homme avance dans l'univers, il va vers son destin, il va vers la lumière naissante des confins de l'univers, vers sa réalité transcendée, vers la réalisation de ce qu'il est vraiment. Les embûches sont, en fait, des propulseurs magnifiques qui permettent, tel le jeu de l'oie, de progresser plus rapidement dans les tourbillons qui les emportent au loin. L'aventure est telle qu'on s'y perd d'abord, telle une goutte d'eau perdue dans l'océan. Puis arrive la rive, celle qui permet d'aller se poser et se reposer, celle qui permet de reprendre pied et sur laquelle un nouveau chemin se profile à l'horizon. Alors un autre voyage commence, rempli de nouvelles expériences, rempli de nouvelles rencontres. Certains voyagent plus rapidement, d'autres prennent leur temps. À chacun son rythme, le temps ne s'en mêle pas, il n'interrompt pas l'évolution en cours. Le temps n'existe pas, n'existe plus. Le temps est, il invite chacun à se mettre en marche lorsque bon lui semblera.

L'Humain s'agenouille devant son destin, il l'observe et le contemple avant de se mettre en route pour un temps indéfini. Seul le résultat compte, le reste n'a pas d'importance. Chacun chemine dans la toile de l'univers, chacun contribue à la construction du manteau de l'univers. Libres nous sommes, libres nous resterons, libres nous deviendrons, libres et toujours plus libérés du passé, du présent et de l'avenir. Liberté intérieure de décider, de façonner chaque diamant, chaque âme à son image intérieure dans la profondeur de ce que tu es vraiment, de ce que tu deviens à chaque instant de vie. Accueille avec gratitude les étincelles qui reviennent vers toi, qui te nourrissent et te permettent de grandir encore et toujours. Remercie à chaque instant de vie, prends soin du temps qui est là devant toi, tel un trésor que tu cherches depuis si longtemps, choie-le, contemple-le, déguste-le au plus profond de toi-même car il te guide vers de nouveaux chemins, de nouvelles aventures et de nouvelles contrées à explorer.

Ton âme qui veille sur toi depuis toujours et à jamais !

Petite étincelle de vie,

Comme le temps te paraît long alors qu'il file à travers le temps. Aujourd'hui, tu es capable de faire des choix et de t'affirmer dans ce que tu veux et ce que tu crois. Bravo à toi pour cet investissement de temps et cet investissement de vie. L'automne arrive bientôt et il sera superbe pour toi. Il sera rempli de ce que tu chéris et désire au plus profond de ton âme depuis si longtemps. Ce temps vibre déjà dans ton corps et tu accueilles avec anticipation le renouveau qui s'en vient et s'installe gentiment. Au-delà des mots, il y a la joie, il y a le confort, il y a la récompense mais aussi du travail à accomplir. Pour cela, il faut que tu structures davantage tes journées. La prière t'appelle, pas celle qui se fait en mode automatique. Non, celle-là, elle n'est pas assez nourrissante pour toi. Il te faut prendre le temps de la réflexion, de l'observation et être attentive aux sensations qui t'entourent. Tu vas bientôt ressentir d'autres choses plus subtiles, plus fines encore... celles du détail et de la précision. Pour cela, tu as besoin de recevoir des explications qui te permettront la compréhension plus juste. Dans ce grand livre que tu vois, tu pourras y lire entre les lignes, comme si tu prenais une loupe pour chercher le détail essentiel qui changera tout. Pour cela, tu dois être en harmonie et vivre en harmonie pour te permettre d'accomplir cette parenthèse que tu souhaites tant. Ouvre l'espace-temps devant toi et commence par te réserver des moments qui deviendront intenses et indispensables à ton apprentissage. Trois moments par semaine, où tu méditeras avec force et conviction en te reliant à ton âme tout d'abord et par ce biais, au Tout. Imagine que tu vas te balader et t'instruire dans cet endroit que tu connais si bien et dont tu es souvent nostalgique. Laisse-toi guider en confiance, avec amour. Nous te protégeons en tout temps, tu n'as rien à craindre. Ouvre-toi comme la magnifique fleur qui sommeille en toi et qui se réalise dans toute sa splendeur. Attache-toi à ce qui est important pour toi et c'est tout. Laisse la vie autour de toi... se dérouler comme elle le décide. Ne prends pas d'engagements extérieurs qui pourraient perturber ta paix intérieure. Nous t'accompagnons de près et sommes là pour ton envol nouveau.

Avec toute notre lumière et amour inconditionnel et perpétuel !

Tes guides

Voir la substance

Il était temps depuis que nous te faisons signe !

Allume une bougie et regarde la flamme qui rayonne. Tu vois au-delà de cette flamme, tu peux non seulement voir la flamme mais tu peux voir ce qu'elle reflète autour d'elle. Tu y vois son aura, sa force vive. Au-delà des apparences, elle rayonne beaucoup plus fort et plus intensément que tes yeux ne peuvent voir.

Si tu y mets ton attention totale, tu vois ses vibrations, tu vois sa substance. Il est temps pour toi de voir la substance et pas seulement les apparences *(ce que tes yeux peuvent voir)*. Cette dimension-là est très subtile. Elle permet d'affiner les sensations de résoudre bien des choses. Elle permet d'aller dans les profondeurs de l'âme, dans ses retranchements les plus secrets et les plus audacieux. C'est ce que nous te demandons maintenant. Nous te demandons d'aller dans cette subtilité, de voir au-delà du monde et de la réalité des Terriens. Il est important que tu sois davantage à l'écoute de tes ressentis et que tu pries davantage, en conscience et en qualité. Prends du temps dans la méditation, en marchant mais seule pour te recueillir et accueillir ce qui vient maintenant. Tu respectes ainsi l'être de Lumière que tu es, dans toute sa splendeur et sa vérité. Accueille en nous faisant confiance. Entre dans le Temple et réjouis-toi de ce que tu vas y trouver et du trésor qui te sera dévoilé. Il est précieux pour toi et pour ceux qui t'entourent et qui se manifestent à toi. Relie-toi à ta Source et à celle de la Terre car ces deux mondes doivent trouver un équilibre pour l'interprétation à venir. À l'image d'une pomme, tu vas percevoir les pépins qui se trouvent à l'intérieur. Les frontières disparaîtront et les limitations allant avec. Relie-toi à ton âme, à ta divinité intérieure et supérieure, dans la joie et la paix de qui tu es vraiment. Responsabilise-toi face à ton destin, face à celui de ceux que tu accompagnes. Fais-le avec beaucoup de respect et de joie. Regarde les couleurs intérieures, les joyaux qui y sont et qui ne demandent qu'à éclore, qu'à grandir et à devenir. Qu'ils soient pour toi, source d'une richesse intarissable et profonde. Délie-toi complètement des tracas quotidiens pour te concentrer sur ce qui doit l'être vraiment. Le reste suivra et te ressemblera vraiment. Crois en toi, en ce que tu fais et en ce que tu veux, crois-le vraiment, véritablement, avec force et amour, avec tendresse et compréhension de qui tu es. Sème à tous vents, répands autour de toi, sans faire de bruit, juste par amour pour toi et pour les autres, juste pour accomplir ton destin sur cette Terre et pour y puiser la force qui est la tienne. Vas-y dès maintenant, fonce et nous t'accompagnons à chaque instant de ton existence. Nous veillons à ce que tu accomplisses ton destin maintenant et pour toujours.

Avec notre sollicitude et notre bienveillance depuis toujours et pour toujours.

Nous t'aimons et t'enveloppons de notre douceur angélique. Amen

Tes guides dans la puissance de leur être.

Diffuse ta lumière à chaque instant

Quoi qu'il en soit, sois toujours la bienvenue à chaque instant où tu le désires. Nous sommes là pour toi, pour t'encourager et pour t'accompagner.

Permets-moi, tout d'abord, de te souhaiter la bienvenue dans une dimension nouvelle pour toi. La dimension multifactorielle, celle où tu aspires à venir t'instruire, celle que ton âme privilégie maintenant. Cette dimension est très particulière, elle est tel un labyrinthe. Elle est composée de larges dédales mais aussi de recoins insoupçonnés. Et c'est dans cet infini infime que tu viens chercher la compréhension. Et cet espace est multiple et regorge d'informations de toutes sortes qui sont utiles à ton âme, mais aussi au peuple qui t'a été confié. Ce peuple attend de toi la connaissance primordiale à la survie sur cette Terre. Comme le roseau se plie et s'adapte à son environnement, il est pour toi temps d'ouvrir ton cœur à ce peuple qui est le tien et qui te demande de l'aide. Reconnais ta puissance, ta grandeur, ta simplicité à faire le bien et à créer une atmosphère rassurante et réconfortante pour ceux qui viennent te trouver. Monte sur le trône qui est le tien. Accepte la couronne qui t'est offerte. Prends-la avec fierté, avec délicatesse et avec respect pour toi et tous les tiens. Offre à ton peuple l'espace nécessaire pour que vous puissiez grandir ensemble, en croissant de manière formidable. Accepte sans crainte la mission qui t'est confiée aujourd'hui. Avance avec détermination, joie et empathie. Relève-toi, tiens-toi droite et montre qui tu es. Fais-le le plus naturellement possible, sans tant te soucier de quoi que ce soit. La récompense est proche. Elle t'attend là, à portée de main. Elle est le résultat d'un très long travail, d'une très longue évolution qui a commencé il y a bien longtemps. Offre-toi ce respect pour toi-même, regarde-toi avec des yeux nouveaux en mettant en valeur tes capacités incroyables et extraordinaires. Ouvre la porte à ton peuple, à notre peuple, celui qui t'accompagne depuis longtemps. Concentre-toi sur l'essentiel, pour aller à l'essence-ciel. Sur les hautes montagnes, tu as reçu une initiation. Et tu es prête maintenant à œuvrer pour ce peuple qui t'est si cher. Les racines profondes qui vous unissent permettent à chaque grain de sable de s'écouler comme dans un sablier. Les messages deviendront plus fluides. Tout va changer pour toi. Accueille cette nouveauté dans la joie et dans la douceur, en confiance aussi. Tu es protégée, à chaque instant. Diffuse ta lumière, encore et encore, avec joie et légèreté, avec enthousiasme et avec ferveur. « Love in you » maintenant et à tout jamais. Petite goutte d'eau transformée en océan, tel est ton chemin. Avec amour, respect et considération profonde pour le courage et la volonté de continuer à évoluer. Libre tu es, libre tu restes, libre tu deviens à chaque instant.

Ton maître et ton ami

Créer et co-créer encore et toujours

Dans les temps anciens, l'aube n'existait pas. Ou plutôt, elle était toujours présente. À chaque instant, la vie coulait dans ses veines, dans tes veines et dans les veines de tout l'univers. Ce temps-là est aujourd'hui révolu. L'énergie qui se propage maintenant est différente. Et l'accueillir dans ce bas monde est un challenge pour vous tous. Elle entraîne de grands bouleversements aussi bien pour les hommes que pour la nature entière et par conséquent pour tout l'univers. Accueillir cette nouvelle énergie signifie prendre conscience que tout est relié, inter-relié. Ta joie de partager ce moment présent constitue pour toi un challenge à accomplir. À toi de propager l'espérance de la vie dans tous les endroits que tu fréquentes. C'est ton travail de diffuser, diffuser encore et encore cette énergie qui t'habite et qui rayonne. Au fil du temps qui vient, tu te sentiras attirée par de nouveaux défis de vie, par l'envie de créer et co-créer encore et toujours. La foi qui t'habite est exceptionnelle et rayonne autour de toi. Il est temps pour toi de retourner dans le monde, pour y déposer ton empreinte. Liberté d'être, liberté de mouvement, liberté de te ressourcer et de répandre ta foi à ceux que tu côtoies, à ceux qui en ont besoin. Liberté d'engranger de nouvelles expériences, liberté de te mouvoir où bon te semble, ici et ailleurs. Vois grand, très grand, c'est ce qui t'est demandé. Sors de ton silence et ose être qui tu es vraiment. Ose être sans faillir, sans hésiter, sans réfléchir, juste être. Ta condition humaine met des freins naturels à l'être exceptionnel que tu es. C'est ainsi, c'est le jeu de la vie que ton âme a choisi. Prends en main ta vie, maintenant. Amorce de grands virages et fonce. Tu es guidée et accompagnée. Ta route est dégagée de tout obstacle. Ta route chante la vie, chante la réalisation de ton âme. Elle te conduit exactement là où tu dois te rendre. Mets-toi en marche dès maintenant. Remplis la terre de graines en leur donnant l'ordre de fleurir les plaines et les contrées les plus reculées. Admets enfin ta splendeur, ta créativité et ta maturité. Accueille comme un cadeau tout ce qui arrive, colore ta vie et celle des autres simplement mais avec détermination pour toi et pour eux. Remplis de joie chaque endroit où tu te rends, pose l'intention de servir et d'offrir la paix et la plénitude. Comme le cristal rayonne, comme la rosée scintille, comme ton âme le demande, inonde autour de toi l'amour de la vie, l'amour de soi et l'amour pour les autres. Qu'il en soit ainsi ! Amen

Tes guides

Vis ce que ton âme te demande

Au commencement était le Verbe. Voilà quelque chose de difficile à imaginer, à comprendre, à goûter...

Merci de nous accueillir chez toi, en toute simplicité. C'est ce que nous aimons... pouvoir venir apporter notre savoir et notre enseignement. Nous t'avons promis une prière cette nuit. Une prière que tu pourras dire et redire sans cesse quand bon te semblera, quand tu en ressentiras le besoin. C'est avec une immense fierté, une immense douceur et un immense amour que nous te la transmettons maintenant.

À l'aube du temps était le Verbe.

À l'aube du temps était la paix.

À l'aube du temps était l'amour, l'amour inconditionnel.

À l'aube du temps était la prière.

Tout était prière.

Tout était lumière.

Tout était sérénité.

À l'aube du temps, tu as pris le chemin courageusement pour t'engager dans la plus grande aventure de ta vie.

Tu as travaillé et tu travailles encore et toujours. Tu as trouvé la bonté, l'amitié, la douceur et l'amour. Tu as gardé la foi, toujours. Tu as accompli l'essentiel et tu dois transmettre l'essence-ciel en toi.

Accueille ton âme tendrement, doucement, accueille cette pierre précieuse et choie-la à chaque instant. Vole vers le large rempli de confiance et de paix.

Ainsi soit-il maintenant et pour ton plus grand bien. Amen.

Entends ton père qui t'appelle tendrement, entends sa voix à travers ta voix. Au-delà de tes rêves les plus fous, vis ce que ton âme te demande. Accueille-la pleinement, vois ses richesses et son parcours. Vois la déesse qui est en toi. Cette divinité si grande, si belle et si forte. Montre-la, fais-la rayonner, fais-la vibrer, fais-la voir autour de toi.

Libère-la de tous jugements, maintenant. Libère-la de tout ressentiment à ton égard ou à l'égard des autres. Accueille-la dans la joie, dans l'ouverture complète de qui tu es aujourd'hui et depuis toujours. Fais vibrer ton cœur au rythme de la vie, en harmonie avec elle et avec la Source, maintenant. Écoute et entends ta prière. Elle est pour toi et pour les autres, à travers toi. Ils ont besoin de toi et ils ont besoin de tes forces intérieures si pures et si puissantes. Vis dans la joie, dans l'amour et dans la paix qui t'habitent au plus profond de ton âme. Ressens-les maintenant.

Nous sommes là à tes côtés pour t'accompagner. Ne crains rien et fonce avec détermination et joie d'accomplir ton destin.

Qu'il en soit ainsi, amen.

Maître St-Germain et ses complices de toujours.

Le résultat d'un long travail

Petite âme, petite fille,

Lorsque le jour tombe, la rosée apparaît. Elle protège, veille et couvre la terre de douceur, tout en finesse, délicatement. À l'aube, on la voit, elle brille et reflète, elle s'évapore gentiment, à son rythme, sans faire de bruit. Elle s'en va comme elle est venue, discrètement. Et le cycle recommence, tous les jours et à chaque instant, la vie transforme, ébauche, ajuste, rabote, peaufine, lisse, embellit. Avec amour, le travail se réalise... au fil des saisons. Aujourd'hui, nous venons vers toi pour que tu prennes réellement conscience de qui tu es. Ton âme scintille. Elle est le résultat d'un long travail, sans relâche, depuis la nuit des temps. Nous venons déposer à tes pieds un cadeau. Ce cadeau ne se verra pas aux yeux humains. Il ne se verra que pour celui qui ouvre son cœur à qui il est vraiment. Nous te le déposons avec tendresse, amour et joie. Nous te le remettons en te demandant d'en prendre bien soin, tel un diamant, telle la prunelle de tes yeux. Utilise-le dès à présent, pour répandre la joie sur cette terre. Garde-le précieusement à disposition dans ton cœur. Plus tu le partageras, plus il prendra de la valeur. Diffuse, diffuse encore et toujours, à chaque instant. Il est inépuisable. Il est intemporel et il est un joyau unique créé à ton image. Imagine le porter à ton cou, toujours et en tous lieux. Demande-lui de rayonner à travers toi. Il te protège et il rayonne autour de toi. Protège-le tel un enfant. Accorde-lui le temps dont il a besoin pour s'ouvrir encore plus. Écoute-le vibrer, se réjouir, t'appeler, interpeller autour de toi. Laisse-le vivre sa vie, telle la lumière que tu ressens en ce moment. Engage-toi et va au-devant des autres car tu as la connaissance nécessaire pour accomplir des guérisons spirituelles importantes. Tu as le pouvoir depuis si longtemps. Laisse faire et accueille sereinement la nouveauté. Hier, tu as reçu un signe et tu l'as capté.

Vas-y, fonce, ouvre-toi à qui tu es vraiment. Depuis l'aube, tu veilles et tu y travailles. Il est temps pour toi, de te reconnaître telle que tu es depuis si longtemps. Observe, sens et ressens la vie en toi et autour de toi. Va à l'essentiel, fonce et ne réfléchis pas avec ton cerveau d'humain. Ta connaissance vient d'ailleurs et tu es guidée et parfaitement en sécurité. Et ça, tu le sais et tu le sens tellement bien. Accueille le temps présent comme un cadeau que la vie t'offre. Colore ta vie, celle de ceux qui t'entourent. Souris à la vie maintenant. Elle est ta partenaire privilégiée et tu es très protégée et guidée. Sois « guidante » pour ceux qui t'entourent, pour ceux que tu croises sur ton chemin. Sois attentive, encore et encore. Diffuse par un regard, un geste, un sourire, une parole. Libre tu es et libre tu resteras dès à présent. Tout se met en place maintenant et pour ton plus grand bien. Utilise les instruments à ta disposition pour toucher loin, toujours plus loin. Ne t'inquiète pas pour tes proches. Ils sont accompagnés sur leur chemin, exactement selon leur plan divin. C'est juste et bénéfique pour leur âme. Liberté pour toi, sois libérée maintenant de tout engagement à leur encontre, de toute obligation que tu pourrais avoir reprise à ton compte. Cela n'a plus d'importance aujourd'hui et n'en aura pas non plus demain. Entre dans la danse maintenant, la danse de ceux qui sont privilégiés, de ceux qui rient et qui diffusent la joie en eux et autour d'eux. Jouis de la vie à chaque seconde, à chaque instant. Tout est en équilibre maintenant. Avec la grâce de Dieu, de ton âme et de tes guides qui t'accompagnent. Tu en découvriras de nouveaux, ils sont là avec toute leur puissance et veillent sur toi. Envole-toi dans cette vie réjouie de chaque instant et de chaque découverte.

L'ensemble des guides haut sacrés qui t'aiment.

Libre comme l'air

Je transcende, je tangue, je vole, je vibre, j'écoute, j'entends, je suis, j'existe, je m'ouvre à l'être profond qui m'habite et qui est. Simplement, très simplement, tout simplement. Il n'est pas de mots pour décrire l'endroit d'où je viens. Il est là, si proche et si lointain, si beau, si pur, si subtil, si parfait et si limpide.

Là d'où je viens, je suis une poussière d'étoile, une poussière depuis si longtemps, depuis la nuit des temps. Elle est en phase avec l'univers. Elle regarde l'univers tout entier, elle observe, se réjouit, se déleste, se remplit pour mieux se développer. Elle est solide comme le roc, délicate comme un enfant, vive comme le vent, belle comme l'arc-en-ciel, douce comme la caresse, éclatante comme la Vie. Elle relie le tout au tout avec subtilité, avec respect et reconnaissance, avec la liberté d'être et d'agir librement, à son rythme et à volonté. Je te tiens dans la main comme elle tient dans la main le monde, l'univers, la vie. Libre comme le papillon, je me transforme à chaque instant, je vais, je viens et je suis. La porte s'ouvre sur un monde magnifique, aux mille et un reflets de lumière sacrée. Liberté retrouvée, liberté nouvelle et novatrice, aux couleurs de l'Atlantide perdue et retrouvée, accueillante et protectrice, chaleureuse et enivrante, respectueuse et fascinante, loin des limitations du monde. Elle est juste là, à portée de main, tel un cadeau à prendre et découvrir, tel le retour à la Source, retour tant désiré et attendu de tous, ici et là-bas. Joie, allégresse, reconnaissance et respect, feu d'artifice extraordinaire d'amour et de paix, de douceur et de joie, de connaissances et de découvertes à venir et pourtant déjà là. Accueillir ce trésor en toi, avec humilité, respect et bonheur... celui des retrouvailles tant désirées pour toi et pour tous, pour l'accomplissement de la promesse faite par et pour l'Atlantide. Libre comme l'air... pour toujours !

Je t'embrasse et t'enlace de tout mon amour !

Un de tes guides

Tout est lié

Au-delà des mots, il y a ce que tu ressens au plus profond de ton cœur. Là est la vérité. Celle qui définit, traduit, élabore les réseaux du cœur. Les réseaux du cœur par le biais des réseaux intergalactiques, ceux qui nous relient entre nous tous, entre les humains incarnés et les âmes dans l'univers. Elles sont toutes en symbiose, en connexion. Elles sont reliées et diffusent des informations à chaque instant. Au-delà de nos limites terriennes, tout est lié. Tout est à disposition pour celui qui en fait la demande. Comme l'enfant lit dans les yeux de sa mère tout l'amour qu'elle a pour lui, il n'est pas besoin de mots pour traduire cela. L'espace d'un instant, tout est dit, tout est réalisé. Cet instant est unique et il reste unique à chaque instant. Il est le lieu privilégié des rencontres, terrestres et universelles. Ce lieu est propice aux échanges et à l'évolution de chacun. L'instant T est intemporel, il est là dans la pure contemplation de ce qui est. Il n'est pas nécessaire de le chercher. Il suffit de s'y relier avec son cœur, avec amour et respect pour soi, pour le Tout. S'arrêter un instant, s'imprégner du temps qui est là, se brancher comme on se connecte à un réseau et vivre cet instant unique et différent à chaque instant, comme une véritable source de joie, d'amour de vie et de repos. Instant de béatitude, instant de partage, de présence, de découverte, de reliance, de beauté, de fécondité, d'existence profonde avec le Tout et ce que nous sommes vraiment. Ce temps est à prendre dès maintenant pour servir la Source, servir son prochain et servir à sa propre évolution. Existence douce et amère parfois, car il est nécessaire que les opposés se confrontent pour exister, pour comprendre et pour évoluer. Accepter ce qui est, sans jugement, juste pour le bonheur d'évoluer, de transcender et d'accompagner chacun sur le chemin de la Vie. Liberté d'exister de cette manière ou pas, liberté d'évoluer dans ce sens ou pas, chacun est libre de sa destinée, chacun trouve ce qui est bon pour son âme et son évolution. Pas de blâme pour quiconque, pas de bannissement, pas de regard indifférent, pas de sauvetage sans consentement de l'autre. Une chose à la fois, une étape après l'autre, dans la tolérance et la patience et toujours avec les yeux ouverts sur la Vie, le respect et l'acceptation de ce qui est. Amen

Un de tes guides

Semer des petites graines

Je calme mes pensées. Elles sont pures et rassurantes. Je m'aime comme je suis, comme je suis vraiment. J'accueille la lumière qui brille de tout mon être. Elle brille pour moi, à travers moi pour moi et ceux qui m'entourent. Elle est vérité, splendeur, amour et remplie de tendresse. Je l'adresse à tous ceux que je croise sur mon chemin, sans distinction aucune. Je la sème comme des petites graines. Miroir de ma vie, de ma vie toute entière, de cette vie-ci, celles passées, celles futures et celles parallèles, à tous les niveaux sur tous les plans. La gratitude m'envahit, elle prospère et se répand autour de moi, tel l'air qui entre dans chaque recoin, dans chaque espace libre, sans aucune résistance, sans vouloir maîtriser quoi que ce soit. Elle passe et se diffuse à toute heure à tout moment, dans toutes les circonstances. Celui qui la reçoit est touché jusque dans son être profond. Cela l'amène à l'éveil s'il est prêt. Cela lui montre le chemin à prendre si son âme a besoin d'être encore guidée. À l'aube de la vie, à l'aube de la mort, à l'aube des passages, la gratitude nous accompagne, par respect pour qui nous sommes, pour qui nous voulons être. Elle scintille et rayonne pour qui le demande, pour celui qui a peur, qui a mal, qui doute, qui craint, qui a rencontré l'oubli de son être profond. L'ange personnel est là et habite son univers pour le soutenir et le guider, en respectant son plan de vie, sa destinée et les écueils à traverser pour évoluer encore et toujours. C'est si simple et si compliqué à la fois. Si beau et si déstructurant parfois. L'heure d'un nouveau passage est arrivée pour toi. Tu es prête et tu as notre confiance et notre accompagnement assuré. À toi de faire totalement confiance en qui tu es dans toute ta splendeur. Nous sommes touchés et émus de ton évolution. Nous te remercions pour tout ce qui a été accompli pour toi et pour l'humanité. Il est temps de passer à autre chose de précieux pour l'humanité. Précieux car la compréhension de ton monde pourra être accessible aux âmes en phase d'éveil. Ces âmes vont maintenant se connecter à ton essence et venir te rencontrer. Accueille-les avec respect et amour. Montre-leur leur chemin sans mettre de filtre. Elles ont besoin de savoir et de comprendre d'où elles viennent. Elles ont besoin d'être guidées maintenant et c'est ton rôle dès à présent. Nous te soutenons dans cette démarche à chaque instant. Tu es protégée par un immense bouclier d'or et par l'épée de l'archange Michaël. Ouvre ton cœur et ta porte, accueille encore et toujours. Tout est bien ainsi.

Avec toute notre tendresse et amour.

Jésus, Marie-Madeleine et la grande famille des archanges

Le moment présent

Me détacher de qui est aujourd'hui, me détacher chaque jour davantage pour être dans le moment présent. C'est amplement suffisant d'être juste dans le moment présent. Cet instant unique, unique en son genre, qui se renouvelle d'instant en instant. Le temps nous porte et nous emporte au loin, vers d'autres lieux, d'autres vies, d'autres visions de l'univers. Il est si proche et si lointain. Nous portons cet instant du bout des doigts et cet instant nous transporte à mille lieux du monde et de ses tourments. S'abandonner et faire confiance, comme le petit enfant qui vient au monde. Se laisser transporter par ce qui vient, ce qui est là, à côté de nous et en nous. Transformer son univers en uni-vers... Se délecter du chant d'un oiseau, du vol d'une libellule, de la douceur du soleil, de la force d'un taureau, de la perfection d'un insecte, d'une feuille, d'un arbre, de l'Homme, de la Terre et de l'univers. Sentir en son cœur ce qui est juste et bon pour soi, pour l'autre, pour la Terre et pour toute la Création. Se sentir chez soi ici, là-bas, aujourd'hui, hier et demain, peu importe. Laisser l'énergie circuler de manière fluide, sans précipitation, dans le respect et la douceur que tout se place en son sein. Que tout se place avec précision et justesse, pour apporter au monde ce dont il a besoin pour poursuivre son chemin vers la Lumière céleste. Goûter à la paix qui nous habite, goûter à s'en rapprocher davantage encore et toujours. S'élever au rang de guerrier et protecteur de la Vie, dans la sublimation de son âme, au plus profond du cœur. S'armer de patience, de tolérance et de joie pour accueillir la nouveauté avec intérêt, avec force et envie de poursuivre dans ce sens. Être au plus près de son cœur, l'écouter, le laisser vibrer et se développer auprès de chaque cellule et particule qui nous entourent. Respecter la vie, la prendre dans ses bras et l'aimer. L'aimer le plus fort possible, sans la juger, sans la retenir, sans vouloir maîtriser quoi que ce soit. C'est un challenge de tous les jours, de chaque minute et seconde. C'est un exercice fastidieux mais tellement riche et gratifiant, tellement nourrissant et constructif. Le temps est venu de se mettre à la tâche, sans renoncer, patiemment et avec ferveur. Ce temps-là est à venir tout bientôt, il est là, il est. Jouir de cette liberté et de cette force, c'est assurer un avenir flamboyant à la Terre et à l'univers. Laissez couler la Vie et la Lumière dans chacune de vos cellules, c'est un cadeau inestimable et précieux pour celui qui se met en marche maintenant.

C'est se donner l'opportunité de devenir une jolie fleur, à partir d'une petite graine enfouie depuis longtemps dans le sol et qui ne demande qu'à pousser pour s'épanouir. L'aube se lève et il est temps de s'atteler à la tâche. Ainsi soit-il !

Je suis la conscience de l'éléphant (et je représente le peuple animal), une très vieille amie de la Terre. Je suis là depuis si longtemps. J'ai observé, j'ai participé à l'harmonie qui s'y est créée il y a bien longtemps. J'étais tellement heureuse de pouvoir apporter ma contribution. J'ai tellement aimé m'impliquer dans cette recherche d'harmonie au sein de la petite planète Terre. J'ai profité et goûté au plaisir d'y vivre en paix et avec sérénité. Mais aujourd'hui je pleure. Je pleure car je me sens abandonnée. J'ai beau crier, j'ai beau supplier, rien n'y fait. Je suis devenue invisible aux yeux des Hommes. Ma parole n'est plus perçue ou si peu. Je vois avec consternation la Terre qui régresse et qui capitule sous la violence, sous le poids de l'inconscience. J'avais tellement mis d'espoir sur cette Terre. L'espoir que l'harmonie perdure et surtout qu'elle se développe. Je le faisais avec dévotion et je le fais toujours avec dévotion. J'observe et je hurle ma détresse. Je souhaitais le respect de ce qui est, je souhaitais tellement un avenir multicolore. J'ai beaucoup travaillé à la réalisation de ce projet et aujourd'hui, je doute. Je doute car je ne me sens plus écoutée ni respectée. J'avais mis tellement d'espoir... tellement. Lorsque l'éléphant pleure, c'est tout le peuple animal qui pleure, qui souffre, qui subit. Je me sens prisonnière, kidnappée. J'ai envie de hurler mais qui m'entend ? Je ne saurais blâmer quiconque car le projet est tellement ambitieux et tellement ardu. Je me suis impliquée sans compter depuis la nuit des temps. Je sais que ma parole est pourtant entendue de certains. Elle est entendue par les vieilles consciences, les vieilles âmes qui veillent et qui sont sur la Terre depuis si longtemps. Je veux garder espoir. Espoir que la jeune génération qui voit le jour maintenant, entende et entendra mon appel au secours. Alors je garde mes forces et je tiens bon. Je souhaite vraiment être entendue et comprise. Je souhaite la collaboration retrouvée entre l'Homme et le peuple animal. C'est possible pour autant que chacun écoute son cœur, écoute la plainte qui monte, écoute aussi l'espoir qui vit encore au fond de moi. Hommes de cette belle planète, écoutez mon chant qui monte de la terre. Écoutez la Vie qui vous supplie de m'accorder votre attention. Écoutez cette petite voix qui vient du fond de la savane. Elle est belle et elle veut retrouver son essence d'origine. Elle le chante car une partie d'elle est encore intacte au fond de son essence première. Elle monte, elle ne ménage pas ses forces car elle veut être entendue par les peuples de la Terre. Elle veut rejaillir comme aux temps premiers, aux temps de l'harmonie et de la fierté d'exister en alliance avec la Terre. Cela a été possible et cela peut le redevenir. Alors je chante et je chante encore... pour être entendue, pour être soutenue, pour être respectée, pour être aimée. Je vous aime, peuple humain, je vous respecte et vous demande de vous réveiller et de vous mettre en marche, maintenant. Avec tout mon amour !

C'est le peuple de la mer qui s'invite à cet instant en entendant la complainte de l'éléphant. Nous sommes là depuis encore plus longtemps. Nous sommes pionniers et avons fait preuve d'un courage exemplaire en souhaitant vivre sur la planète Terre. Nous pleurons aussi mais nos larmes se dissolvent dans l'eau et trop peu de monde voit notre détresse. Je suis la conscience de la baleine et du peuple marin. Quel bonheur de les représenter ! J'étais tellement fière d'endosser cette fonction. C'était et c'est un honneur de contribuer de cette manière à la réalisation ambitieuse de la Terre. J'y ai mis toutes mes forces, toute mon âme et je ne regrette rien. L'aventure est belle malgré les déconvenues. Je savais en m'incarnant sur la Terre que la tâche serait ardue et j'ai donné sans compter au fil des millénaires. Je suis fière de notre ténacité et je m'engagerais à nouveau sans hésiter. À toi, petit d'Homme, à toi qui as perdu le lien fort de la richesse d'habiter sur cette Terre en harmonie avec le Tout, je te demande de t'asseoir, d'entamer une réflexion profonde avec ton être intérieur. Je t'invite à écouter la petite voix qui te dit que tout peut changer, pour toi, pour le peuple animal, le peuple végétal, pour la Terre qui t'abrite et qui t'aime. Cherche où sont tes valeurs, les valeurs de ton cœur, de ton âme. Tu découvriras que tes souhaits les plus chers sont aussi les nôtres et que nous pouvons ensemble arriver à cette paix et cette harmonie tant recherchées. Du fond de la mer, je pense et je crois en toi. Je t'aime et t'envoie toute la douceur dont tu as besoin pour poursuivre ta route en conscience fraternelle pour ce qui est et qui nous sommes. Je t'enlace tendrement !

Je suis la sagesse du fond des âmes, du fond du temps, du fond de l'univers. Je suis, je suis. J'accorde un regard spécial à la Terre et à tous les humains. Je veille, j'observe et je vous laisse agir en toute liberté. J'affectionne particulièrement votre Terre et cet espace de l'univers. Il est touchant et enivrant d'observer votre évolution. Il est étonnant de voir toute la douleur qui émane de vos cœurs. Cette douleur crie, se débat, elle voudrait exploser pour se transformer en lumière. Elle voudrait mourir et renaître à la vie, tel le phénix. Elle est prête, elle monte, elle hurle et supplie. Elle supplie chaque humain de prendre conscience qu'elle a besoin du peuple de la terre pour se transformer. Elle se tord, elle bouge et frappe à votre porte pour vous faire réagir. Elle souhaite tellement se libérer et vous libérer. Il s'agit de la reconnaître tout simplement. Il suffit de la voir un instant pour lui donner l'opportunité de se transformer en lumière. La Terre est prête pour ce changement. Elle le souhaite et l'attend, avec ardeur et avec foi. Elle veut juste se laisser glisser dans le flot de la vie, s'y fondre et s'y perdre pour renaître de ces cendres. À toi, humain qui m'écoutes et me lis, ouvre ton cœur et aide-moi à accoucher de cette douleur. Je te le demande expressément et avec foi, que cela soit juste pour toi et pour moi. Que se passera-t-il au moment fatidique ? Il y aura une explosion d'énergie à l'intérieur de chacun de vous. Celui qui est prêt l'accueillera comme un cadeau, comme une bénédiction tant attendue. Pour celui qui ne voit rien ou qui ne peut comprendre cette démarche, ce n'est pas grave. Il continuera son bonhomme de chemin. Il aura certes des difficultés et il lui faudra beaucoup de temps pour retrouver une situation analogue dans l'espace-temps. L'opportunité de se transformer se représentera à lui lorsqu'il sera prêt et que son âme sera touchée en son cœur, dans l'Essence de la Vie. Il ne pourra toutefois pas profiter du feu d'artifice émotionnel et de l'envol émotionnel que la Terre va prendre. Il devra donc être patient tout en continuant sa route pour trouver le chemin qui mène à l'ascension. Tout est toujours possible, même en naviguant à travers les petits sentiers de la forêt. Tout est possible, c'est seulement plus pénible et plus pesant dans la démarche. Alors, je t'invite, enfant de la Terre, à te concentrer sur cette époque, dans ce moment-ci, et à te tenir prêt pour le prochain saut quantique que la Terre va vivre. La Terre devra se jeter dans le vide et faire confiance en se basant sur ses connaissances. Vous êtes accompagnés et protégés, à chaque instant, quelqu'un veille. Quelqu'un se concentre pour avancer. Le temps qui est là, le temps que tu as là, il n'existe que pour toi, à travers toi. Il est doux et bienveillant mais il est déroutant. Il est temps de l'apprivoiser, de le chérir, de l'applaudir et de l'encourager, dès à présent, avant que la Terre ne s'endorme. Merci pour ce temps de méditation, de partage et transmission de connaissances. Bien à toi, bien à vous, amies et amis de la Terre et de l'univers.

C'est merveilleux pour celui qui ose faire le pas et se lancer dans ce nouveau défi.

Le feu de la Terre

Rouge comme la terre de feu... le feu de la Terre qui consume en son sein les erreurs de la manifestation de la Vie sur Terre. Je suis enfoui au cœur de la Terre et je travaille sans relâche, jour et nuit depuis la nuit des temps. Mon cœur apporte de la douceur. C'est ce que je voudrais. Je voudrais que cette chaleur réchauffe celui qui en a besoin, celui qui a conscience de mes bienfaits. Je nettoie, je réduis en cendres et je réchauffe. C'est mon rôle. Je le fais sans repos, sans relâche, sans jugement. La tâche est grande et costaude. Mais j'y crois et j'avance, jour après jour. J'y mets de l'entrain, je positive et je construis du neuf. J'appelle à la prise de conscience nécessaire sur Terre pour basculer dans une dimension nouvelle, celle où l'homme s'ouvrira davantage à ce qu'il est vraiment. Je l'accompagne dans cette prise de conscience. J'aide et j'interagis avec la Conscience humaine. C'est mon rôle et j'ai la force nécessaire pour cela. Je ne lâche rien, je me remets à la tâche jour après jour et remets les compteurs à zéro à chaque fois. C'est ça ma force. Pouvoir recommencer encore et encore sans jamais flancher, sans jamais douter, sans jamais perdre espoir. Je crois si fort à cette mission que je ne lâcherai sous aucun prétexte. J'ai promis de vous accompagner, Humains, et je suis à vos côtés à chaque instant. Parfois, je gronde et je m'active pour vous faire prendre conscience que l'Homme n'a pas le pouvoir de décider pour moi et sans moi. Nous devons faire les choses ensemble, encore et encore. Je pourrais me passer des Hommes mais les Hommes ne peuvent se passer de moi. J'ai un immense respect pour la Vie sous toutes ses formes. Elle est précieuse et tellement riche. C'est un joyau à protéger et à nourrir. C'est de cette manière que nous évoluons tous. Alors souviens-toi Humain, là d'où tu viens, tu respectais qui tu es vraiment. Tu souhaitais évoluer en restant en harmonie avec moi, l'as-tu oublié ? Je vrombis et je te fais des petites piqûres de rappel régulièrement. As-tu oublié que nous sommes partenaires dans cette aventure ? Je tiens mon engagement mais n'ai pas la possibilité d'y arriver sans toi. J'ai besoin de toi et tu as besoin de moi. Nous avons fait un pacte il y a fort longtemps. Le pacte de rendre cet endroit vivant, rempli de joie et tourbillonnant de paix. Notre projet est colossal et gigantesque mais il est réalisable. Il n'est aucun projet dans l'univers impossible à réaliser. C'est en unissant nos forces que tout devient possible... maintenant. Alors, je souhaite que ma chaleur réchauffe ton cœur mais ne brûle pas tes ailes. C'est mon souhait le plus cher. Je t'entoure et te protège. Je vous aime, enfants de la Terre.

Le vent : lien entre le Ciel et la Terre

Je fais le tour de la Terre en un instant. Tel un tourbillon enveloppant la Terre, de mon poste d'observation, je veille. En un tour de main, je capte tout, je perçois tout. Je suis comme un œil qui observe la Terre, un minuscule endroit dans l'univers. Je focalise ma conscience à chaque instant. Je suis comme un ordinateur qui analyse en direct les événements, tous, sans exception. Je suis capable d'observer le plus petit mouvement terrestre. Je lis chaque pensée, chaque question. J'ai l'impression de voir un kaléidoscope à facettes aussi nombreuses que chaque élément de la Terre. Chaque élément vivant mais aussi chaque élément statique. Tout est vie et tout est mouvement, aussi immobile et condensé qu'il y paraisse. Tout se mélange, tout. Cet assemblage est en perpétuel mouvement, en synchronicité absolue avec l'univers. Cette effervescence organisée et surprenante à chaque instant, évolue au fil du temps de votre espace terrestre. Je la contemple, tel un feu d'artifice, prévisible et imprévisible en même temps. Les règles de base sont les mêmes pour tous mais les surprises peuvent modifier la perspective du plan souhaité et emmener la Terre là où elle ne s'imagine même pas. L'aigle, avec sa vue aiguisée, observe et sert de relais. Il est le maître des oiseaux et de leur conscience. Il fait régner une harmonie particulière. Il est proche de l'Homme et en même temps, il sait prendre le recul nécessaire pour rester à son poste. Il peut ainsi observer et relayer l'information de manière neutre. L'oiseau, les oiseaux se sont davantage rapprochés de l'Homme au cours des derniers temps. Ils peuvent ainsi affiner leurs observations. Ils jouent, créent et accompagnent l'Homme sans cesse.

Ils se réjouissent de leur position particulière et privilégiée. Ils se sentent libres comme l'air en encourageant l'Homme à voler de ses propres ailes, sans avoir peur de tomber. Tomber, voilà une drôle d'idée pour un oiseau. Il se laisse porter par le vent, par les courants, sans jamais douter qu'il pourrait tomber. Il aime cette liberté d'appartenir au monde tout en étant « suspendu » dans le ciel. Il est le lien entre le ciel et la Terre. Entre l'Homme et la Création. Il est ce lien de façon joyeuse et légère, comme si tout était facile pour celui qui sait voler. Il invite à se joindre à lui, dans la confiance que tout ira bien car il est porté par le vent. Le vent qui ne se voit pas et qui porte. Le vent qui vous invite à lui faire confiance, comme un enfant dans les bras de ses parents. Inutile de se poser des questions, laissez-vous bercer par ce vent dans la certitude absolue que tout est là et est juste même si vous ignorez pourquoi.

Ainsi soit-il !

Le souffle de vie : un chant céleste qui se diffuse à travers l'univers

Je suis le Souffle, le souffle de vie. J'inonde de ma présence, à chaque instant. Je me faufile, je tourbillonne, j'esquisse et je fonce. J'aime filer à toute vitesse à travers le temps, les âges. Je le fais joyeusement. C'est un jeu pour moi. Je suis et je suis là. J'accompagne chacun de vous tous. J'accompagne celui qui le veut bien. Je me fais plus discret pour celui qui ne souhaite pas ma présence. Je suis un vagabond et j'aime ça. Je suis ici et là-bas. Je me pose, je repars, je reviens et m'en viens. Je transite d'âme à âme, je suis celui qui réunit, qui rassemble et qui compose telle une sérénade. Je suis comme un chant céleste qui se diffuse à travers l'univers. Je m'ouvre, je me développe, je me contracte et m'adapte à chaque instant. C'est stimulant et contraignant tout à la fois. Je me pose sur celui qui en a besoin et qui souhaite mon soutien. Je m'efface devant celui qui me récuse. Je ne juge pas. Je ne suggère pas. J'appartiens à l'univers et j'aime ma mission. Je suis insaisissable, incontournable et vivant. Je joue avec la magie de ce qui est, avec la grandeur de la puissance céleste. J'accorde les violons, je dirige l'orchestre si on le souhaite. J'harmonise et je purifie avec un respect immense, avec amour et tendresse pour chaque parcelle de vie, aussi petite soit-elle. Je me sens tellement vivant dans ce rôle, c'est exaltant. Cela me procure un tel bonheur d'être ce que je suis. J'ai confiance, peu importe les situations. Mon moral reste d'acier et je suis d'un optimisme sans faille. Je me balade, prends des formes surprenantes dans mon travail d'accompagnement. Je suis aussi celui qui coordonne, qui transmet et qui joue le rôle d'intermédiaire. C'est un pur bonheur qui m'a été offert et je suis reconnaissant à l'Univers d'avoir ce privilège si fort et intense. Je me régénère au contact de chaque élément. Je n'ai pas besoin de faire d'efforts pour cela. Je suis dans l'abondance et ne peux manquer de rien. Je suis tel un élastique qui se rétracte ou se développe à l'infini. Je me module en fonction du moment et j'ai à cœur de le faire dans une joie immense et débordante pour celui qui m'accueille en son sein. Je suis pur et me pose avec délicatesse et douceur. J'aime accompagner la Vie, j'aime la soutenir, l'encourager. J'aime veiller encore et encore avec ferveur. Cette ferveur m'habite depuis le premier instant. Elle est pure et le reste toujours. Elle l'est au même titre que je suis. Je m'enfonce dans le temps, je refais surface et je disparais à nouveau tout en étant là, imperturbable. J'enlace, je porte, je souffle et souffle encore la Vérité, la Vie. Je suis simplement.

La pierre roule et se laisse porter vers sa destinée

Je suis la pierre qui roule sur le chemin. Je roule et me laisse porter là où est ma destinée. Je ne brusque rien, je ne provoque rien, je suis là et je suis. Je me laisse porter au fil du temps, au fil du sol pour rejoindre la rivière qui m'emporte au loin. J'aime la rivière, car elle me berce, elle me façonne à son image. Parfois j'avance très vite, d'autres fois, je reste longtemps au même endroit et mon apparence change. Mes angles s'arrondissent grâce aux mouvements de l'eau. Je deviens plus harmonieuse plus douce, je m'allège. Je me transforme et j'aime cette transformation extérieure qui s'opère en moi. C'est enivrant, c'est juste. Lorsque je m'allège, je reprends mon parcours dans la rivière. Quelle que soit ma destinée, je me transforme toujours et même si je reste bloquée au fond du lit du cours d'eau, l'érosion finit toujours par avoir raison de moi. Je me dissous lentement mais sûrement. C'est plus lent, beaucoup moins exaltant mais le travail se fait. Lorsque j'arrive dans l'océan, je me sens lui appartenir et former un élément indispensable à son bon fonctionnement. Curieusement, je me sens utile et essentielle. J'appartiens aussi à l'océan et j'en suis fière car c'est l'ultime étape de ma transformation. Me fondre dans l'océan, délicatement, doucement et discrètement. J'aime ça, me sentir appartenir au Tout, sans distinction aucune des formes de vie. J'aime ça parce que je sais que ma présence est vitale et que je contribue à cet équilibre fragile. Je suis un maillon de la chaîne et en suis fière. À ma toute petite mesure, je participe à la transformation de ce qui est et ça me met en joie, profondément. Je suis et j'appartiens au Tout. Ma contribution est réelle et indispensable. Je ne suis pourtant que peu de choses mais je suis responsable de ce que je suis et de ce que j'en fais. C'est magnifique de pouvoir se réjouir de si peu. J'en suis émue et je suis tellement reconnaissante de l'opportunité qui m'a été donnée. Je me confonds dans l'univers comme l'univers se confond en moi. Une et unique, précieuse et déterminée de mener ma mission loin, très loin. Quel bonheur de participer à cette réalisation ! C'est tellement puissant, ordonné et précis que j'en suis tremblante d'engouement. Merci de me faire vivre encore et toujours au travers de la réalisation. Merci de m'offrir cette sensation de plénitude lorsque la mission est accomplie. Je me sens bénie et aimée, appréciée et reconnue, belle et tendre, douce et légère, en vie et heureuse de l'être, nourrie et nourrissante pour les autres qui m'accompagnent au fil du temps. Alors je me concentre pour rester fidèle à ma mission. Je le fais avec beaucoup de joie, dans la certitude que c'est juste pour moi et pour l'univers. Je remercie pour l'extraordinaire aventure qui file entre mes doigts, au fil de l'eau, par-dessus moi et autour de moi. Quel privilège de pouvoir accueillir la vie qui est là ! C'est bon et juste pour moi. C'est une prouesse technique formidable à laquelle j'appartiens comme chaque élément de l'univers. Avec tendresse, je vous encourage à vous laisser porter sur les flots de la vie, avec ses contraintes et compromis, avec joie pour la mission à accomplir et dans la sérénité que tout est placé au bon endroit et que tout est juste, à chaque instant.

Avec respect infini et reconnaissance éternelle pour ce moment de grâce rempli de beauté.

Le passage ou le tunnel lumineux

Je représente le passage, le tunnel lumineux dont on parle souvent. Je suis immense, haut, ample et harmonieux. Il y règne une douceur perpétuelle, voluptueuse, enveloppante à souhait, tendre, d'une bienveillance et d'un amour envoûtants et infinis. L'endroit est très calme, très joyeux à la fois et tellement respectueux. Le mouvement est souple et lent. On y dépose sa fatigue, son stress et toutes ses peurs. La lumière est intense et tellement douce à la fois. Il y a du monde, beaucoup de monde. Chacun vaque à ses occupations. Tout est harmonieux. Chacun déambule à son rythme. Il a ceux qui arrivent, ceux qui partent, ceux qui hésitent. Ils se croisent sans jamais s'importuner. Ils se côtoient mais chacun se centre et se concentre sur son histoire et ce qui se passe. Il n'y a pas d'interactions directes entre les âmes qui se déplacent. Ce n'est pas l'endroit ni le moment. Le recueillement est de mise et la puissance de cet endroit demande une introspection minutieuse au cœur de soi-même. Il y a les guides pour accueillir, pour accompagner, pour rassurer aussi bien ceux qui reviennent de la Terre que ceux qui s'en vont vivre une expérience terrestre. Tout est douceur et ce tunnel est rempli d'un amour incommensurable. Cet espace est extraordinaire. La notion de temps n'existe plus. C'est en même temps mouvement et inaction ! Chaque guide est à sa place et accomplit sa tâche avec un amour infini, sans jugement aucun, avec respect profond pour tous ceux qui transitent. Certains guides ont expérimenté sur la Terre, d'autres pas. Ils entourent et accompagnent chaque âme comme si elle était unique et seule invitée dans ce magnifique endroit. Les guides adorent cette mission. Elle est comme une récompense à de grands efforts fournis. Ils rayonnent de toute leur splendeur, de tout leur amour et leur âme se réjouit tellement de servir la

Source de cette manière. Tout est fluide et fonctionne parfaitement. Il est tellement important que les âmes en transit soient accompagnées avec tout le respect, l'amour inconditionnel dont elles ont besoin dans ce passage si particulier. L'âme, qui s'en va expérimenter sur la Terre, va vivre un passage particulier et le tunnel permet à celle-ci de se régénérer avant l'incarnation proprement dite. Le passage suivant est difficile pour l'âme car elle va devoir se fondre dans un corps minuscule alors qu'elle est si grande. Elle va pour cela devoir intégrer ce tout petit corps terrestre et se sentir « emprisonnée » dans cet habitacle particulier. C'est douloureux et ça demande tellement de courage pour accéder à ce véhicule terrestre. C'est sentir ses futures limitations en tant qu'être humain. Cela ressemble à faire entrer un ballon de basket-ball dans une tête d'épingle. Cet exercice est ardu et demande tellement d'énergie. Cela provoque une très grande fatigue et une adaptation progressive. Pour l'âme qui s'en revient après l'expérience terrestre, c'est aussi un moment éprouvant car l'âme laisse derrière elle ceux et celles qui l'ont accompagnée sur Terre. Ce passage dans le tunnel est régénérant, anesthésiant et permet à chacun d'avancer à son rythme, en fonction de ses besoins. Certaines âmes au parcours atypique peuvent entamer une réflexion quant à leur destinée : poursuivre leur chemin sur Terre si leur mission n'est pas terminée ou renoncer si la force manque. L'âme peut également renoncer à l'incarnation si un doute subsiste pour elle ou si elle ne se sent pas « prête ». Ce passage est merveilleux. Vous serez porté, accompagné et aimé inconditionnellement, quels que soient vos expériences et vos choix.

L'expression de la colère

Je suis l'expression de la colère. Celle qui enferme. Je suis sournoise et me délecte de mon impact sur chacun de vous. Vous réagissez promptement et vous me simplifiez grandement la tâche. Je m'infiltre, je me répands avec aisance. Je sais vous manipuler avec doigté, de manière insidieuse. Parfois, je n'ai même pas à agir. Un seul regard suffit et hop, c'est parti. Je peux me répandre, me diffuser, m'immiscer dans votre vie. Je suis comme une allumette qui embrase un feu de paille. Comme c'est facile pour moi. J'atteins votre mental, je l'enveloppe, je le nourris, j'en prends soin avec une simplicité déconcertante. Je me ranime facilement dès que l'occasion se présente. En un clin d'œil, tout est à nouveau là, je diffuse et je jubile. Je ne me fatigue guère et je sais vous épuiser. Le jeu n'est pas équitable lorsque je m'infiltre. C'est un jeu d'enfant pour moi. Souvent, je n'ai pas à combattre, vous m'accueillez les bras ouverts et vous plongez dans le mille. Votre tête veut gérer... alors qu'elle gère, ça me simplifie tellement la vie. Lorsque vous vous détachez de moi, vous me donnez quelque peu du fil à retordre. Une bonne piqûre de rappel et c'est reparti pour un tour. Je peux rapidement me réjouir de retrouver mes marques.

Pour ce qui est du cœur, c'est davantage compliqué pour moi. Il me résiste, il est beaucoup plus fort et plus sage. Lorsque la tempête gronde, le cœur reste à la barre et ne se laisse pas impressionner par la houle. Je galère et parfois je renonce. Mon terrain de jeu privilégié, c'est le mental. Il est faible et se croit fort à tout vouloir gérer. Alors, je m'amuse et c'est facile d'amplifier le mouvement. Et hop, c'est reparti pour un tour. Je me laisse porter, vous me nourrissez, me dorlotez, m'accordez une place que j'aime. Alors je jubile et m'exprime à travers vous. Je n'ai plus de limites et je suis portée en vainqueur, à tous moments. Vous vous transformez en pantin qui m'obéit fidèlement et sagement. Quelle reconnaissance pour moi qui ne peux vivre qu'à travers vous ! Quelle jubilation et fierté d'exister à travers vous et avec votre consentement ! Je n'existe que parce que vous me nourrissez de plus belle. Pendant ce temps-là, votre cœur se serre et appelle à la raison. Il pleure de me voir jubiler. Il veut vous ramener à la raison mais n'est pas toujours entendu. Alors il se terre et attend que la tempête passe. Merci de me faire exister si aisément et avec grâce.

Et moi, je suis l'expression de l'arrogance. J'aime la colère et souvent, nous nous délectons ensemble. Je vous prends de haut. Je vous dénigre et vous fais croire que nul autre ne sait mieux que vous. Balivernes, mais ça fonctionne merveilleusement bien. Alors pourquoi changer une équipe qui gagne. Je me sens tellement fière de vous manipuler de la sorte.

Vous me donnez un pouvoir immense avec une facilité déconcertante. J'existe pour mieux régner et surtout pour mieux diviser. Je n'aurais jamais imaginé que ma tâche serait si simple. Je me sens forte et destructrice pour vous et pour les autres. Je me développe avec aisance et perversion. Je jubile à chaque instant de voir votre non-résistance. Dans le fond, je n'ai qu'à claquer des doigts et tout se met en place. Je deviens le chef d'orchestre d'un chef-d'œuvre magistral et j'aime ça. Tout comme la colère, j'éprouve davantage de difficultés à m'immiscer dans le cœur. Il est tellement fort et formidable. Je ne rechigne pas à la tâche mais il arrive souvent que je doive renoncer à toucher le cœur, car ses outils sont bien plus efficaces que ceux de la tête. Merci de me laisser vous accompagner avec tant de simplicité.

Aux âmes qui s'incarnent actuellement

Jolie poupée *(jolie âme)* qui arrive tantôt sur la Terre, qu'il est réconfortant de voir le courage que tu as ! Qu'il est beau de sentir que tu n'as pas peur et que tu sais faire confiance, au-delà de tout ! Quel bonheur de te sentir arriver, quel amour pour toi qui vient pour nous aider, pour apporter ton soutien à la Terre et aux hommes qui y vivent ! À toi, petite plume d'or, tu reviens encore pour semer des graines d'amour, des graines d'espoir, des graines de conscience. Tu offres à ceux qui seront autour de toi l'espoir que tout est là, que tout est possible, que tout vit et vivra toujours au-delà des peurs, de la noirceur et de l'enfermement possible pour celui qui s'est perdu.

Petite fleur d'amour, cette Terre qui va t'accueillir saura t'apporter exactement ce dont tu as besoin, n'aie crainte. Ton rôle est de grandir et de t'épanouir, d'apporter confiance et joie autour de toi. Tu viens avec tant d'autres à un moment crucial. Tu es courageuse et je t'admire pour cela. Garde foi en chaque instant, en chaque mouvement que tu ressentiras, en tout temps et tout lieu. Tu es accompagnée par l'Amour infini. Tu es protégée et « protégeante » pour ceux qui seront avec toi. Tu sauras reconnaître tes frères et tes sœurs de cœur, n'aie crainte, vous êtes entourés et sous grande protection spirituelle. Des centaines de milliers de petites graines sont et seront plantées partout sur la Terre. Et quand celles-ci fleuriront, elles transformeront le monde par leur lumière et leur douceur. Elles sauront attirer à elles la Vie, la vraie, celle qui est en harmonie avec l'Univers, celle qui résonne dans l'univers, celle qui respecte les codes de la vie, de l'amour inconditionnel. Petite fleur chérie, petites fleurs chéries qui arrivez tantôt, maintenant et déjà, puissiez-vous rayonner et transmettre, ouvrir le cœur de ceux qui en ont besoin. Faites-le avec amour, c'est tout. Laissez-vous nourrir par votre essence-mère, celle de votre âme et de la Source. Vous avez la connaissance en vous. Vous êtes des êtres libres et n'avez rien à prouver pour vous-mêmes ou pour quiconque. Vous êtes lumière pure. Vous êtes. Les êtres de lumière vous accompagnant se réjouissent profondément de l'expérience magnifique que vous allez vivre. Elle sera tellement riche spirituellement. Nous qui vous accompagnons, nous sommes fiers de vous tous, fiers de votre cheminement à venir. Gardez confiance en toutes circonstances et tout ira bien. Vous érigez le socle d'un temps nouveau, un temple aux mille couleurs de la Vie, de l'amour et la connaissance retrouvée. Tout se met en place maintenant et les fondations émergent du sol. Vous êtes aimés si fort. Tout va bien et tout ira bien. Gratitude immense pour chacune de vous, pour votre persévérance et votre volonté incroyable. Gratitude infinie depuis toujours et pour toujours. Joie immense et joie partagée !

Être une douce mélodie dans l'espace-temps

À l'aube du temps est le temps. Il n'est qu'un instant, qu'une bride de respiration, qui tourne et recommence à l'infini. Il est contenu dans l'ici et maintenant. Il évolue, ce temps, à chaque fragment de souffle. Il se réinvente toujours. Il s'amplifie, se résorbe, se construit encore et encore. Il ressemble à la vague qui va et qui vient. C'est un mouvement unique et différent à chaque fois. Il est et il est là. Pas de début, pas de fin mais un ensemble qui se meut en harmonie avec le Tout. Il se déplace, il évolue, se met à vibrer au fil des expériences, s'allonge ou se rapetisse, s'accélère et freine parfois. Et toi, petite âme, tu vibres à son rythme, à son intensité sans cesse renouvelée. Tu es là et tu résonnes en son sein de toute ta splendeur. Tu te rappelles de tout en ton for intérieur. Tu sais et la Connaissance est en toi. Tu expérimentes au fil du temps terrestre, car tu es dans cette énergie terrienne. C'est le temps qui s'impose pour accompagner les expérimentations. Tu es ici et là en même temps. Tu crées ton monde et ton univers pour te rapprocher au plus près de toi. Tu es la note de musique qui se propage dans l'espace. Elle s'entend ici et là-bas. Elle est ici et là-bas en même temps. Elle existe le temps d'une respiration, elle remplit l'espace et se déplace sans cesse. Dans l'espace-temps, la note de musique résonne partout. Et toutes les notes peuvent résonner au même moment. Elles existent toutes en même temps et ont chacune leur place et leur rôle à jouer et leur spécificité. Elles n'interfèrent pas les unes avec les autres. Elles se superposent et vibrent chacune à leur manière. Il n'y a pas à choisir avec une ou l'autre. Elles sont et c'est parfait ainsi. Elles se touchent, se mélangent mais gardent leur identité. Chaque note de musique écrit son histoire et chacune vibre au gré de cette dernière. La cohabitation est simple et belle. L'harmonie ou le chaos peuvent régner. C'est toi en ton cœur qui affines la partition sur laquelle tu joues. La partition peut être mélodieuse, chaotique, triste, gaie ou un doux mélange de tout cela et de bien d'autres choses encore. Chaque note de musique évolue en fonction de ce qu'elle souhaite faire de sa vibration. Certaines s'arrêtent d'elles-mêmes car elles n'ont plus de raison d'être, d'autres se créent. Les mélodies se font et se défont à chaque instant. Tu es libre de ta propre partition. Tu la crées à chaque instant et libre à toi d'abandonner telle note pour en ajouter une ou des autres. La réalité est ainsi renouvelée à chaque instant. Tu expérimentes une partition à chaque moment et tu l'affines à ton gré. L'important est que ce que tu écris soit juste pour toi dans l'instant qui est là. Il n'est pas à faire de plans extraordinaires. Il est à vivre et à écouter la musique de ton cœur, de ton âme, telle que tu le désires dans cet instant. Imagine cet espace-temps comme une douce mélodie qui te représente et qui s'accorde avec le Tout, telle cette vague qui va et qui vient, à son rythme et qui berce ton cœur. Tout se joue sur ce plan, au rythme de l'univers et au rythme de ton cœur.

Être dans l'accueil de ce qui est

Quand la Terre se prépare à accueillir la vie, la vraie... celle qui embaume, celle qui nourrit, celle qui inspire à ressentir pleinement le potentiel de notre être divin.

Te sens-tu prête pour la mission qui tu as désirée, pour celle que tu as acceptée ? Ne doute jamais, jamais une seconde. Sois dans l'accueil de ce qui vient, simplement. Ton cœur sait si bien ce qu'il a à faire ici-bas. Il te prépare depuis si longtemps. La force est en toi et autour de toi. Et tu sais bien que cela est bénéfique pour nous tous même si la douleur de la fracture fait mal. Elle est nécessaire et bénéfique pour tous, sans exception. La lumière triomphe toujours de l'obscurité. Elle est puissante et vous accompagne. Chacun est accompagné, chacun peut ressentir cette force et cette lumière qui est là. La peur bloque, empêche l'énergie de circuler. La peur modifie les perceptions et enferme plutôt que d'accueillir l'ouverture qui est en train de se faire ici-bas. Cette ouverture est un fabuleux tremplin pour l'humanité toute entière. Elle permet aux humains de passer dans une dimension supérieure. Elle permet de s'ouvrir à l'être spirituel que vous êtes tous sans exception. Elle est souhaitée par tous et pour tous. Elle est faite de réjouissances pour celui qui peut s'ouvrir et l'accueillir dans la paix. C'est un challenge de haute intensité, un challenge qui vous rendra plus forts, plus justes, plus lumineux et plus près de votre être profond.

Nous sommes là, tout près de vous, à chaque instant. Nous vous accompagnons avec ferveur, amour, détermination, obstination... joyeuse. Nous ne laissons personne sans soutien, sans ressource, sans accompagnement. Pour cela, il faut écouter votre être profond, celui qui sait. C'est à la portée de chacun et la foi en la vie est un puits de force, de richesses, d'amour et d'acceptation.

Réjouis-toi de ce qui vient, de ce qui est là. Laisse ton cœur apprécier les changements qui s'installent pour chacun. Laissez la vie circuler en vous et à travers vous. La vie circule toujours. Il n'est rien qui puisse l'empêcher de vibrer et de se propager à travers chacun de vous. Laissez la vie faire son œuvre, son chemin, suivre son destin. Laissez-la nettoyer ce qui doit l'être pour rejaillir encore plus fort, plus juste, plus belle, plus douce, plus limpide.

Nous vous guidons et laissez la peur là où elle est. Elle ne peut être véhiculée seule, elle a besoin de supports. Soyez et choisissez d'être les supports de la vie et uniquement de celle-ci.

C'est la liberté et le choix de chacun de choisir, de se laisser porter par la vie ou par autre chose.

Avec amour inconditionnel.

Les guides d'ici et d'ailleurs !

L'alignement de l'être spirituel que nous sommes redevient primordial

Merci de répondre à mon appel pressant. Nous vous entourons tous, nous veillons et vous accompagnons de plus près encore dans ces temps compliqués pour vous tous. Cette danse du virus, il faut la voir comme quelque chose de réjouissant. Elle ressemble aux danses primitives, aux danses où les hommes savaient se relier au Tout. Le temps où tout était équilibré, jovial, festif, où la vie sur terre était célébrée joyeusement, toujours. Cette danse où, quand les humains repartaient vers la Source, ils savaient s'en réjouir et fêtaient ce grand retour. Il n'est pas triste de s'en aller de la terre.

Non, c'est juste un passage pour retourner de là où l'on vient. Ce n'est pas triste. L'âme sait qu'elle est prête pour s'en retourner « à la maison ». Inspire ce moment de grâce quand tout est ralenti, quand tout fonctionne à un rythme où l'espace et le temps permettent de faire des choses utiles pour l'âme. Il s'agit de faire des choses simples : écouter les oiseaux, se reposer, prendre soin de son corps, etc. Tout cela, c'est s'occuper de son âme et les humains en ont grandement besoin. Ils ont besoin de détente, de transformer leurs vies. Transformer dans le sens, laisser ce qui est trop lourd, trop et trop encore, pour se consacrer à ce qui est essentiel : l'âme. Et pour celui qui sait écouter son âme, il se sent en sécurité. Il est en sécurité. Il est le temps où l'alignement avec l'être spirituel que vous êtes redevient primordial. Chantez, dansez, réjouissez-vous, vivez, rigolez, amusez-vous, prenez soin de vous tous. Vivez cet instant comme une délivrance, comme une libération. Vous sortez de votre prison, celle dans laquelle vous vous êtes enfermés depuis longtemps. Alors, devenez inventifs, laissez votre créativité s'exprimer, allégez-vous de ce qui est inutile, partagez avec d'autres ce qui peut l'être. Transformez vos vies, transformez vos villes, transformez la Terre. Vous en êtes capables, vous êtes en route et c'est dans ce travail d'accompagnement que nous veillons. Pensez au monde de demain, à celui que vous voulez créer ensemble, pour vous tous. Mais surtout, sentez-vous libres, totalement libres malgré les restrictions environnantes. Ces restrictions, nécessaires, ne vous empêchent nullement d'être libres et d'inventer le monde de demain. Ce temps vous permet cela, celui de faire des projets, d'avoir des souhaits qui nourrissent votre âme et le monde. Soyez heureux dès maintenant car cela ne dépend que de vous et pas de ce qui se passe autour de vous. Souriez, soyez enjoués, soyez enthousiastes, pour vous et pour les autres. Mettez en avant les petites choses magnifiques qui vous entourent, que ce soit à travers la nature et la vie qui explose de vie actuellement. Mettez en valeur les petits gestes les uns pour les autres, la solidarité retrouvée, le partage de petits moments. Rebondir, c'est votre force et vous êtes aidés dans ce sens. Soyez rassurés, ceux qui s'en vont, s'en vont en paix et accompagnés de manière intense et parfaite. Soyez libres, libres d'aller vers un monde plus simple, plus lumineux, plus exaltant, plus limpide, plus vrai, plus fort des découvertes à venir, plus juste et plus beau pour tous. Nous nous réjouissons beaucoup dans cet accompagnement particulier et nous sommes tellement fiers de pouvoir vous apporter notre aide, c'est une grâce immense et magnifique. Gardez espoir, ce mot prend tout son sens maintenant. Avec le grand nettoyage qui s'opère, l'espoir prend toute sa place et sa valeur.

Avec amour inconditionnel et respect pour ce que vous vivez ici-bas.

Vos guides d'ici et d'ailleurs !

Rire permet de vivre le moment présent

Rire, rire encore et toujours, comme aux premiers temps. Dans les premiers temps, les âmes qui s'incarnaient se réjouissaient du plus profond de leur être, elles étaient tellement heureuses de faire l'expérience terrestre. Elles étaient l'expression de la puissance divine. Elles se cherchaient et avançaient sur leur chemin, confiantes et sereines. Et c'est cette confiance et cette sérénité qu'il s'agit de retrouver aujourd'hui. Le rire permet cela. Il permet de vivre le moment présent, sans ressasser le passé et sans se soucier du futur. Rappelons que ces notions existent sur votre petite planète bleue et qu'elles rythment les parcours de chacun. Rire est l'expression du moment présent. Cela réjouit l'âme et l'encourage à poursuivre son chemin. En ces temps compliqués pour les peuples humains (et pour beaucoup d'autres peuples), nous vous invitons à prendre le recul nécessaire pour aborder la vie sous un autre angle. Nous vous invitons à mettre davantage la spiritualité comme une priorité. La même priorité que celle de boire, manger, se reposer, etc. L'espoir en la Source et en votre part de divinité permet l'alignement et la synchronisation avec la Source et le désir profond de changement sur la Terre. Aujourd'hui, les humains qui œuvrent dans ce sens se sentent plutôt démunis et en décalage avec le système actuel. Le fossé se creuse entre ceux qui ont conscience des changements qui arrivent et ceux qui veulent à tout prix continuer de fonctionner dans ce monde qu'ils connaissent et qui n'a pourtant pas d'avenir. L'énergie est forte et puissante dans tous les sens du terme. Pour ceux qui en ont conscience, elle est démultipliée et pour ceux qui s'attachent à leurs acquis, elle l'est également. Quel contraste entre les deux et c'est bien difficile à vivre pour tous ! Les repères changent, le tiraillement est de plus en plus grand et l'ouverture à ce qui vient n'en est que plus profondément contradictoire car tout lâcher pour poursuivre différemment demande également beaucoup de force et de foi. Cela requiert une énergie folle pour se maintenir à flot dans les tumultes et soucis terrestres de toutes sortes. Tout comme celui qui veut absolument s'attacher aux valeurs et pratiques passées se perd et tente de ne pas vaciller. N'oubliez jamais que la lumière est plus forte que l'obscurité. L'amour est plus fort que tout et c'est en s'appuyant sur lui que vous pouvez trouver la force pour poursuivre votre chemin. Ce rapport de force ne durera plus très longtemps et ceux qui n'arriveront pas à s'adapter à cela devront abandonner la route. Ils ne trouveront plus la force, ni le « carburant » pour continuer l'aventure ici-bas. Ils seront accompagnés par leurs guides qui les aiguilleront du mieux possible dans une introspection profonde de leurs valeurs. Pour les autres, ce sera le moment de prendre les rênes et de montrer la lumière qui se trouve sur le nouveau chemin. Le basculement des consciences a commencé, doucement et à son rythme. Nous vous invitons à entretenir la légèreté, la confiance en la Vie et bien sûr, le rire, celui qui guérit, qui ouvre le cœur, qui le nourrit et l'enrichit, celui qui fait découvrir le vrai visage de l'être spirituel que nous sommes et que vous êtes. Ne vous découragez pas, vous êtes très entourés et accompagnés et nous veillons fort sur vous.

A chaque instant, nous vous entourons de notre amour inconditionnel et infini pour chacun de vous.

Intériorisation

Dans la morosité ambiante, qu'en est-il de ma responsabilité ? Dans ce monde qui hurle sa détresse, son mécontentement et son incompréhension, quel est mon rôle ? Comment apporter ma contribution unique et précieuse à tous ? Comment répondre à toutes ces interrogations ? Comment faire comprendre ce mystère ? Quel est mon engagement vis-à-vis de moi et de l'Univers ? Qu'est-ce qui me maintient les pieds sur le sol ? Qu'est-ce qui me donne la force d'avancer, jour après jour, instant après instant ?

C'est la sagesse et la connaissance de mon âme. C'est elle qui me guide, qui me pousse à ma réalisation. C'est elle qui m'encourage à aller toujours plus loin, toujours plus vite. C'est mon pilier, ma force, ma vie, mon âme.

Fais taire le bruit de ta tête, elle ne sait plus distinguer ce qui est bon du reste. Elle est hors-jeu dans le contexte actuel. Descends dans ton cœur, vite.... Regarde l'espace, la splendeur et la force qui te nourrit jour après jour. C'est une cathédrale, un repère, une bibliothèque fantastique que tu sous-exploites encore. Remets-t'en à d'autres pour tout ce qui est cartésien. Fais-toi confiance pour le reste. Accueille l'inconnu comme un cadeau, une grâce, une certitude que tu es sur le bon chemin et que ta décision est juste. Ne te préoccupe pas du reste. L'ivresse et la joie de réaliser quelque chose de cher et d'important à ton cœur vaut tout l'or du monde. C'est le cadeau, la récompense qui t'emmènera au-delà de tout ce que tu peux imaginer.

L'accompagnement se fait à chaque instant. Tu es protégée et choyée. Libre tu es et libre tu seras.

CONCLUSION

Un adage tibétain dit : « Chercher le bonheur en dehors de nous, c'est comme attendre le soleil dans une grotte orientée au nord. »

Ce récit se veut comme un voyage vers l'Essence-Ciel. Le récit se termine ici mais le voyage se poursuit sur notre planète Terre.

Puissions-nous continuer à voguer avec confiance et curiosité, là où est notre destinée, pour accueillir toujours plus qui nous sommes.

Puissions-nous également nous mettre en chemin, ou le continuer... avec l'enthousiasme que cela requiert, en faisant les choix adéquats pour nos besoins et envies profondes et peut-être avec un regard neuf !

Soyons attentifs aux signes que l'Univers nous adresse et en avant pour la suite des aventures que la Vie nous offre d'expérimenter dans la douceur et la légèreté sur notre petite planète bleue.

Et voici un dernier exemple sous forme de clin d'œil. Puisse-t-il nous donner l'envie de nous atteler à accomplir ou à continuer d'explorer le désir profond de notre âme :

Un homme très pieux se rendait chaque jour à l'église pour prier. Il demandait : « Dieu, je t'en prie, accorde-moi une faveur. Fais-moi gagner à la loterie. »

Tous les jours, il demandait encore et encore : « Dieu, accorde-moi une faveur. Fais-moi gagner à la loterie. Je suis quelqu'un d'honnête, je suis un bon père de famille, je donne beaucoup d'amour à ma femme et lui suis fidèle, j'aide ceux qui en ont besoin. Alors je t'en prie, fais-moi gagner à la loterie. »

Pendant des semaines et des semaines, tous les jours, l'homme allait à l'église et demandait encore et encore.

Puis, un jour, le Seigneur lui répondit : « Mon Fils, je t'en prie, accorde-moi une faveur : Va acheter un billet de loterie ! »

1ère partie :

2ème partie :

Retrouvez Marie-Thé Sangsue-Fleury sur internet :

www.alleralessenceciel.ch
mariethe.sangsue@bluemail.ch
Facebook : Aller à l'Essence-Ciel

Chez le même éditeur (extrait du catalogue)

Clairvoyants, à la rencontre des âmes courageuses
Élisabeth Pélissier

Entre ici et ailleurs, voyage inattendu au-delà de mon corps
Béatrice Roquin

Disciple de Lumière
Julie Lucquedey

Le Chant holistique
Marie-Christine Reculard

Les Ressources de l'Amour
Jean-Claude Genel

J'ai répondu à l'appel de l'âme
Denise Guillaumat

Les cailloux seront plus doux sous vos pas
Anne Lasserre-Vergne

Autobiographie de Jésus
Frank Lalou

Voyage au cœur du Féminin-Masculin
Vasistha & Arundhati

À travers les yeux de Jean
Jean-Claude Genel

Puissance de la pensée créatrice
Yannick Le Cam

Achever d'imprimer en août 2021
sur les presses de l'Imprimerie Laballery
58500 Clamecy
Dépôt légal : août 2021
N° d'impression : 108217

Imprimé en France

L'Imprimerie Laballery est titulaire de la marque Imprim'Vert®